THE GRAPHIC BIBLE

그래픽

바이블

제프 앤더슨 그림 · 마이크 매독스 글

고진하 옮김

문학동네

그래픽 바이블

| 초판인쇄 | 1999년 11월 20일 |
| 초판발행 | 1999년 12월 13일 |

지은이	마이크 매독스
그린이	제프 앤더슨
옮긴이	고진하
편집위원	하종오
책임편집	김지연
펴낸이	강병선
펴낸곳	(주)문학동네
출판등록	1993년 10월 22일 제22-188호

주 소	136-034 서울시 성북구 동소문동 4가 260번지 동소문빌딩 6층
하이텔	podo1
천리안	greenpen
인터넷	www.munhak.com
전화번호	927-6790~5, 927-6751~2
팩 스	927-6753

ISBN 89-8281-249-0 07840
* 잘못된 책은 바꿔드립니다.

The Graphic Bible
Text Copyright © 1998 by Mike Madox
Illustrations Copyright © 1998 by Jeff Anderson
Original edition published in English under the title
The Graphic Bible by Lion Publishing, Oxford, England.
Copyright © 1998 Lion Publishing

Korean translation copyright © 1999 MUNHAKDONGNE Publishing Co., Ltd., Seoul.

This Korean edition was published by arrangement with Lion Publishing, Oxford, England through Korea Copyright Center, Seoul.

이 책의 한국어판 저작권은 한국저작권센터(KCC)를 통해
영국 라이온 출판사와 독점 계약한 (주)문학동네에 있습니다.
저작권법에 의해 한국 내에서 보호를 받는 저작물이므로
무단 전재 및 무단 복제를 금합니다.

태초에 하나님께서
하늘과 땅을 만드셨다.

하나님께서 말씀하셨다.
"빛이 있으라!"

그러자 빛이 생겼다.

하나님께서 보시니 참 좋았다. 그래서 빛을 어둠과 갈라 놓으셨다. 하나님께서는 빛을 '낮', 어둠을 '밤'이라 부르셨다. 이렇게 하여 아침과 저녁이 생겨나니, 첫째 날이었다.

하나님께서 "물 한가운데 창공이 생겨 물과 물 사이가 갈라져라!" 하시자, 그대로 되었다. 하나님께서는 이렇게 창공을 만들어 창공 아래 있는 물과 창공 위에 있는 물을 갈라 놓으셨다. 하나님께서는 창공을 '하늘'이라 부르셨다. 이렇게 하여 둘째 날도 밤과 낮 하루가 지났다.

하나님께서 "하늘 아래에 있는 물이 한 곳으로 모여, 마른 땅이 드러나거라!" 하시자, 그대로 되었다. 하나님께서는 마른 땅을 '뭍', 물이 모인 곳을 '바다'라 부르셨다.

하나님께서 보시니 참 좋았다.

하나님께서 "땅에서 움이 돋아나거라! 땅 위에 낟알을 내는 풀과 씨 있는 온갖 과일 나무가 돋아나거라!" 하시자, 그대로 되었다. 하나님께서 보시니 참 좋았다.

이렇게 세째 날도 밤과 낮 하루가 지났다.

하나님께서 "하늘에 빛나는 것들이 생겨 밤과 낮을 갈라 놓고 계절과 나날과 해를 나타내는 표가 되어라!" 하고 말씀하셨다.

하나님께서는 이렇게 만든 두 큰 빛 가운데서 한 빛으로 낮을, 또 한 빛으로는 밤을 다스리게 하셨다.

또 별들도 만드셨다.

하나님께서 보시니 참 좋았다. 이렇게 네째 날도 밤과 낮, 하루가 지났다.

하나님께서는 "바다에는 물고기들이, 하늘에는 새들이 생겨 날아다녀라!"고 말씀하셨다.

그리하여 하나님께서는 바다에 큰 물고기와 물 속에서 우글거리는 온갖 고기들을 지으셨다.

하나님께서 지어진 것들을 보시고 흐뭇해하시며, 참 좋게 여기셨다.

하나님께서 이것들에 복을 주시며 말씀하셨다. "새끼를 많이 낳아 바다와 하늘에 번성하여라!" 이렇게 다섯째 날도 밤과 낮, 하루가 지났다.

하나님께서 "땅은 온갖 동물을 내어라! 온갖 집짐승과 들짐승을 내어라!" 하고 말씀하셨다.

그러자 그대로 되었다.

하나님께서 보시니 참 좋았다.

하나님께서는 "우리 모습을 닮은 사람을 지어 땅과 하늘과 바다에 사는 모든 짐승을 돌보게 하자!"고 말씀하셨다.

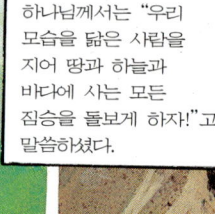

하나님께서는 자신의 모습대로 사람을 지어 내셨는데

곧 남자와 여자로 지으셨다.

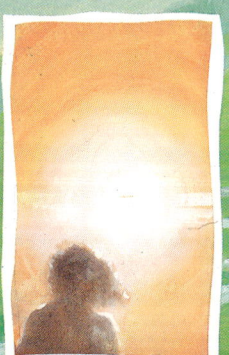

하나님께서는 그들에게 복을 내려 주시며 "자식을 낳고 온 땅 위에 번성하여라. 그리고 살아 있는 모든 짐승을 돌보아라!" 하고 말씀하셨다.

"이제 내가 너희에게 낟알을 내는 식물과 과일나무를 주리니, 그것으로 양식을 삼아라. 푸른 풀도 먹을거리로 주겠노라." 이렇게 말씀하시자 그대로 되었다.

하나님께서 자신이 지으신 모든 것들을 보시니, 참 좋았다. 여섯째 날도 밤과 낮, 하루가 지났다.

이렇게 하여 하나님의 창조가 모두 이루어졌다. 일곱째 날 하나님께서는 쉬셨다. 하나님께서는 일곱째 날을 복 주시고 거룩한 날로 정하셨다.

이것이 하나님께서 하늘과 땅을 지어 내신 순서이다.

에덴에서 강 하나가 흘러 나와 그 동산을 적신 다음, 네 줄기로 갈라졌다.

아담과 여자는 동산을 가꾸고, 모든 동물들을 돌보았다.

그 동산 가운데에는 하나님께서 심어 놓으신 두 종류의 특별한 나무가 있었다. 그 하나는 생명나무라 불렸다.

또 하나의 나무는 그 열매를 먹는 날엔 죽음에 이르게 된다고 하나님께서 따 먹지 말라고 하신 나무였다.

이 나무는 지식의 나무였다. 선에 대해 알게 해 줄 뿐만 아니라, 악에 대해서도

알게 해 주는……

그런데, 하나님께서 지으신 모든 것들 가운데 가장 간교한 짐승은 뱀이었다.
어느 날 뱀이 여자에게 속삭였다.

하나님이 먹지 말라고 한 과일이 있다는데, 그게 사실이에요?

오, 참 안됐군요! 놀랍고요.

갑자기 묻는 바람에 놀랐잖아.

하나님께서는 우리에게 동산 가운데서 자라는 한 나무를 제외하고는 어떤 나무의 열매든 먹을 수 있다고 하셨어. 또 만일 그 나무의 열매를 따 먹거나 손을 대는 날엔 반드시 죽을 거라고 하셨어.

흥미롭긴 하지만.

그건 사실이 아니에요. 당신은 죽지 않을 거예요.

하나님이 당신에게 거짓말을 한 거죠.

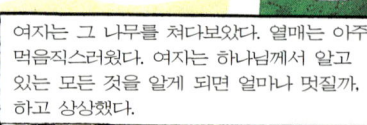

그들이 살게 된 세상은 아름다운 에덴 동산과 비교할 때 견디기 힘들고 냉랭한 곳이었다.

아담이 아내 하와와 잠자리를 같이하자, 하와가 임신하여 아들을 낳았고 그 이름을 가인이라고 불렀다.

그 후에 또 한 아들, 아벨을 낳았다.

가인은 자라서 농부가 되고, 아벨은 목자가 되었다.

때가 되자, 가인은 땅에서 난 곡식을 하나님께 예물로 드렸고, 아벨은 양 떼 가운데서 가장 좋은 양을 예물로 드렸다.

하나님께서는 아벨의 예물은 반기셨으나 가인의 예물은 반기지 않으셨다.
그러자 가인의 가슴 속에는 어둠이 도사리게 되었다.

가인은 잔뜩 화가 났다.

하나님께서 말씀하셨다.

가인아, 왜 그렇게 화를 내느냐? 만일 네가 옳은 일을 했다면 얼굴을 찌푸릴 필요가 없지 않느냐?

그러나 네가 만일 마음을 잘못 먹었다면, 죄가 문 앞에 도사리고 앉아 너를 노릴 것이다.

너는 그 죄와 싸워야 해!

그러나 가인은 하나님의 말씀을 따르기를 거절했다.

가인은 분노에 가득 차 아우를 해칠 음모를 꾸몄다.

아담은 셋이라는 또 다른 아들을 낳았고, 셋은 에노스의 아버지가 되었다. 이렇게 그들의 자손은 늘어 갔다.

아담은 구백삼십 년을 살고 하나님께서 말씀하신 대로 죽었다.

에노스는 많은 자손을 낳고 선조들처럼 죽었다. 최초의 사람들은 오랫동안 살면서 많은 자손을 낳았고, 그 자손들 역시 또 다른 자손을 낳았다. 그리하여 사람은 점점 많아지기 시작했다.

그러나 그들은 마음이 부패해져 갔다. 악한 삶의 방식에 빠졌으며, 맨 처음 세워진 도시는 잔인함과 무서운 폭력으로 가득 차게 되었다.

인류는 열매 맺는 나무처럼 퍼져 가는 것이 아니라, 닿기만 하면 모든 것을 망쳐 놓는 질병처럼 퍼져 갔다.

도와 주세요, 누구든지 날 좀 도와 주세요!

50냥?

100냥.

65냥?

100냥.

70냥에 네 부모를 죽여 줄까?

그러세요.

빵 사 먹을 돈을!

이 어리석은 할멈아, 아이를 잡아먹어! 그렇지 않으면 내게 팔든지!

얼마에 팔 거야?

하나님께서 이러한 세상을 보시고는, 이처럼 끔찍한 일에 물들지 않은 단 한 사람을 찾아 내셨다.

또 하나님께서는 사람들이 악에 빠져 있음을 아셨다. 인류에게는 이미 파멸의 운명이 정해져 있었다.

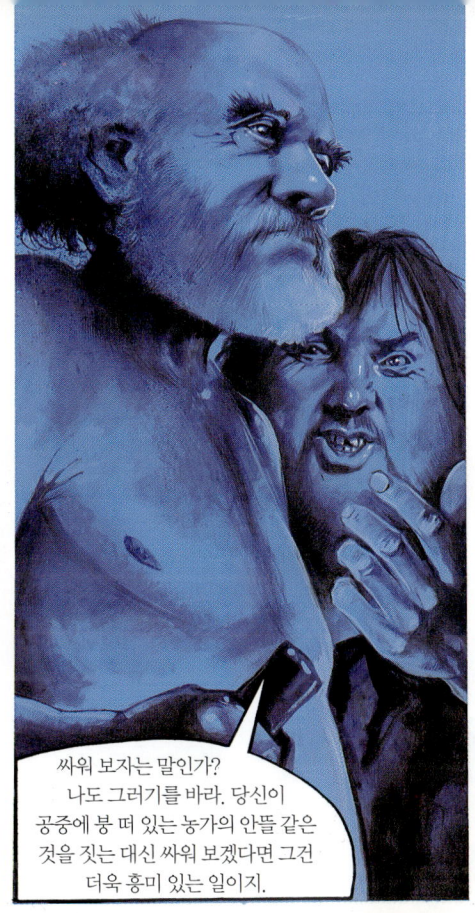

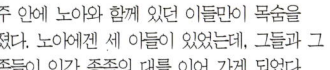

주 안에 노아와 함께 있던 이들만이 목숨을 졌다. 노아에겐 세 아들이 있었는데, 그들과 그 족들이 인간 종족의 대를 이어 가게 되었다.

그리고 동물들도 다시 새끼를 낳게 되었다.

이것은 노아의 계획이 아니라 하나님의 계획이었다. 하나님께서는 그들에게 필요한 것과 어떻게 하는 것이 그들을 가장 잘 돌보는 것인지 알고 계셨다.

그들은 모두 창조주 하나님의 작품이었다.

이전에도 이후에도 다시 없을 무서운 홍수는 시와 마을과 산들을 삼켰다.

사십 일 낮과

사십 일 밤을!

그러다가 어느 날 갑자기 비가 쏟아진 것처럼

비가 뚝 그쳤다.

때가 된 것 같다!

비가 그쳤구나! 썩은 고기를 먹는 새들 가운데서 까마귀를 데려오게 하라. 지면에서 물이 줄어들었는지 알아보도록 말이다.

까마귀는 방주 주위를 이리저리 날아다닐 뿐 멀리 날아가지는 않았다. 이는 아직 땅이 드러나지 않았다는 것을 의미했다.

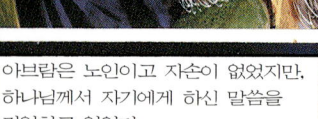

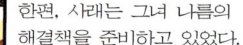

하나님께서는 아브라함이 한 민족의 아버지가 되길 원했다. 그래서 그를 통해 세상이 복을 누리도록. 그러나 하나님께서는 그에게 또 하나의 시험을 거치게 하셨다.

어느 날, 아브라함은 하나님의 부름을 받았다. 그것은 아주 무서운 명령이었다.

이삭은 오랜 세월 견디어 온 고통스런 기다림의 응답이었다.

이삭은 그들의 기쁨이요, 사랑이며, 하나님께서 약속을 현실로 나타내신 것이었다. 그들이 바라던 모든 꿈은 실현되었다.

아브라함은 심히 고통스러웠지만 그 뜻에 복종했다. 그리하여 어린 아들과 함께 길을 떠났다.

그는 아들을 산꼭대기로 데리고 올라갔다. 그 아들을 하나님께 희생 제물로 바치기 위해.

이삭은 그들의 생명이나 다름없었다.

아브라함에게는 참으로 귀한 아들이었기 때문에, 이렇게 끔찍한 방법으로 아들을 잃는다는 것은 엄청난 고통이었다.

이삭은 아무것도 모르고 있었다. 이삭에게는 아버지와 함께 하는 멋진 여행이었다.

아버지, 보이죠? 제가 가져다 놓은 저 나무들은 무척 잘 탈 거예요. 이제 우리에게 필요한 건 어린 양이에요.

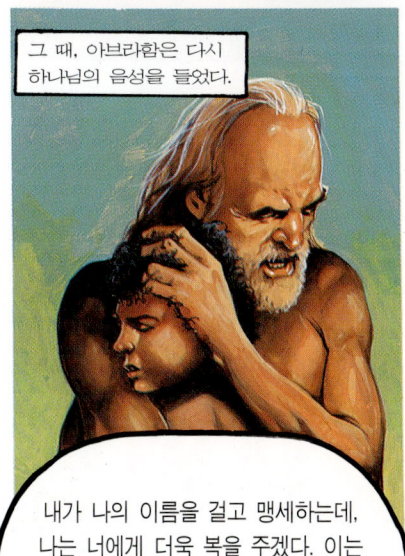

이삭 이야기

이삭은 남자답게 자랐으나 그의 어머니가 세상을 떠났다.

이삭은 어머니를 매우 사랑했기 때문에 어머니의 죽음은 큰 고통이었다. 아브라함은 이삭에게 아내를 골라 주기로 마음먹었다.

근처의 가나안 여인들은 다른 신을 섬기고 있었다. 그래서 아브라함은 거리는 멀지만 동족의 땅 메소보다미아로 눈길을 돌렸다.

그는 그 곳으로 자기의 종을 보냈다. 오랜 여행을 위해 낙타와 양식을 준비하게 해서. 그 종은 아브라함이 십 년 전에 떠난 길을 거슬러 올라가서 이삭에게 적합한 아내를 찾으려고 노력했다.

큰 일을 떠맡은 종은 아주 지혜롭게 자신이 할 수 있는 모든 일을 했다. 이삭의 적당한 아내감을 찾을 수 있도록 도와 달라고 하나님께 기도했다.

아브라함의 종은 하란이라는 도시의 성 밖에 있는 샘터에 앉아서 기도했다……

주 하나님, 제 주인에게 친절을 베풀어 주십시오. 그리고 저를 도와 주십시오. 여자들이 저 성에서 물을 길러 나오면, 물을 마시게 해 달라고 하겠습니다. 그들 가운데 제 낙타에게도 물을 마시게 해 주겠다고 나서는 아가씨가 있으면, 바로 하나님께서 정해 주신 이삭의 아내감으로 알겠습니다.

안녕하세요?

무척 목이 말라 보이는군요. 낙타들에게도 마실 물을 줄까요?

정말 영리해 보이는군!

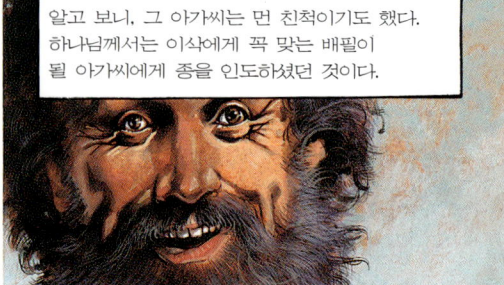

알고 보니, 그 아가씨는 먼 친척이기도 했다. 하나님께서는 이삭에게 꼭 맞는 배필이 될 아가씨에게 종을 인도하셨던 것이다.

그녀의 이름은 리브가였고, 대단히 아름다웠다.

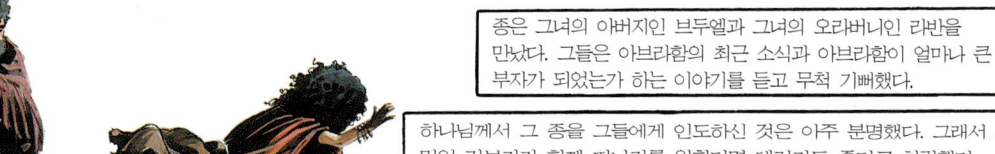

종은 그녀의 아버지인 브두엘과 그녀의 오라버니인 라반을 만났다. 그들은 아브라함의 최근 소식과 아브라함이 얼마나 큰 부자가 되었는가 하는 이야기를 듣고 무척 기뻐했다.

하나님께서 그 종을 그들에게 인도하신 것은 아주 분명했다. 그래서 그들은, 만일 리브가가 함께 떠나기를 원한다면 데려가도 좋다고 허락했다.

최후의 선택은 리브가에게 달려 있었다.

리브가는 마침내 혼인에 동의하고, 자기의 몸종들을 데리고 새 삶이 기다리는 가나안 땅으로 떠났다.

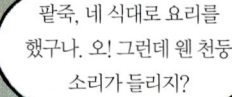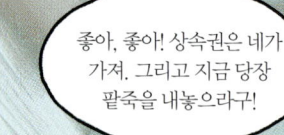

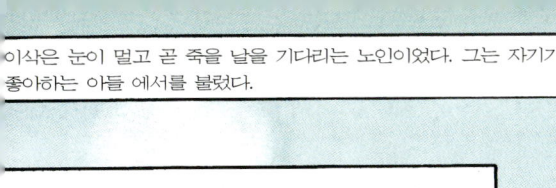
이삭은 눈이 멀고 곧 죽을 날을 기다리는 노인이었다. 그는 자기가 좋아하는 아들 에서를 불렀다.

이삭은 일생 동안 자신의 감각을 믿고 살았다. 그는 보고, 냄새 맡고, 듣고, 만지고, 맛볼 수 있는 것만 의지했다. 그런데 이런 감각들이 차츰 무뎌지기 시작했다.

에서, 내 아들아. 활을 들고 나가 사냥을 해서 내가 좋아하는 별미를 만들어 오너라. 그러면 내가 죽기 전에 네게 복을 빌어 주마.

그래서 에서는 늙은 아버지를 위해 특별히 사냥을 하러 나갔다. 마침 리브가는 이삭이 맏아들 에서에게 하는 말을 엿들었다.

에서가 자기의 상속권을 팔 권리를 가지고 있든, 야곱이 팥죽 한 그릇으로 상속권을 산 것이든, 그것은 법적으로는 아무런 문제가 없었다.

리브가는 무언가를 귀띔해 주려고……

야곱? 잠깐 이리 오렴!

걱정하지 마라. 나도 그 점을 생각해 보지 않은 게 아니다. 나만 믿어라. 만일 잘못되면 내가 저주를 받으마.

에서, 내 말대로 해라.

자, 내가 시키는 대로 해라. 너는 지금 살진 염소 새끼 두 마리를 잡아서 가져오너라. 에서가 돌아오기 전에 네 아버지가 좋아하는 요리를 만들어 줄 테니 갖다 드려라. 그러면 아버지는 너에게 복을 빌어 줄 것이야.

아버지가 그렇게 해 주실까요?

그럼. 네 아버지는 너를 에서라고 여기실 거야.

저를 에서라고 여기신다고요? 어머니, 아버지가 비록 눈이 어둡지만 저를 만져 보면 형과 다르다고 말씀하실 거예요.

그래서 야곱은 어머니가 시키는 대로 했다……

일어나세요, 아버지. 저 에서예요. 요리를 가져왔으니 어서 드시고, 저에게 복을 빌어 주세요.

에서? 빨리도 다녀왔구나. 그런데 네 목소리가 왜 그러냐? 꼭 야곱의 목소리 같구나.

리브가는 야곱에게 염소 가죽으로 옷 한 벌을 만들어 입혔다. 그래서 눈이 멀고 귀가 먼 이삭은 야곱을 에서로 알았다.

빠르다고요? 네, 하나님께서 도와 주셨죠. 어서 제가 만들어 온 요리를 드세요. 아버지가 말씀하신 대로 제가 사냥하여 잡은 고기예요. 그리고 저에게 복을 빌어 주세요.

이리 가까이 와 보아라, 에서. 좀 만져 볼 수 있도록 말이다.

말소리는 야곱의 소린데 손은 에서의 손이로구나. 네가 진짜 내 아들 에서냐?

네.

그러면 너에게 복을 빌어 주마.

하나님께서 하늘에서 내리신 이슬로 땅이 기름져 오곡이 풍성하고 술이 넘쳐나리라. 뭇 민족이 너를 섬기고 네 앞에 엎드리리라.

너는 우리 가문의 모든 이들을 다스리리라. 너를 저주하는 사람은 저주를 받고, 너에게 복을 비는 사람은 복을 받으리라.

그래, 이제 만족스러우냐?

하나님께서는 일찍이 이삭에게 맏아들이 그 아우를 섬길 것이라고 말씀하셨다. 그러나 이삭은 할 수만 있으면 상속권을 에서에게 주고 싶어했다. 그런데 리브가가 자기 남편을 속인 것이었다.

야곱은 상속권을 갖게 되었지만, 그것은 거짓과 속임수로 얻은 것이었다.

야곱이 이삭 앞에서 나가자 에서가 사냥에서 돌아왔다.

일어나세요, 아버지. 저 에서예요. 일어나 어서 드세요. 그리고 제게 복을 빌어 주세요.

도대체 그게 무슨 말이냐? 너는 나에게 이미 복을 받지 않았느냐? 나는 단 한 번만 복을 빌 수 있다.

이삭과 에서는 잠시 어리둥절해했지만, 곧 사태를 알아챘다. 그러나 그것을 뒤집기에는 너무 늦어 있었다. 이삭은 공식적으로 야곱에게 상속권을 넘겨 준 뒤였다.

야곱! 네놈을 죽이고 말 거야!

에서는 계획을 세웠다. 이삭이 머지않아 죽게 될 테니, 애도의 기간이 지나고 나면, 그 때 야곱을 해치울 생각이었다.

야곱은 하나님께서 의도하신 대로 상속권을 얻어 냈다. 그러나 그 과정에서 야곱의 가족은 서로 거짓말을 하고 서로를 속였다.

조용한 성품으로 가정을 사랑하는 야곱은 형이 두려워 도망을 쳤다. 지금껏 살던 천막을 떠난 그는 리브가의 오라버니이며 자기 외삼촌인 라반의 고향을 향해 길을 떠났다.

그는 그토록 사랑하는 어머니를 다시는 볼 수 없었다.

언덕에 홀로 있게 된 야곱은 돌을 베개 삼아 잠을 자려고 누웠다.

그는 자기 형과 같은 사냥꾼이 아니었다. 그러나 곧 잠이 오는 것을 느꼈다.

그 때 낯선 무언가가 나타났다.

야곱은 꿈에 땅에서 하늘에 닿는 층계가 있고, 그 층계를 하나님의 천사들이 오르락내리락하는 것을 보았다.

나는 아브라함과 이삭의 하나님이니라.

나는 네가 지금 누워 있는 이 땅을 너에게 주겠다. 너의 후손은 땅의 티끌만큼 많아질 것이며, 온 세상이 네 후손의 덕을 입을 것이다.

그리고 층계의 꼭대기엔 하나님께서 서 계셨다.

하나님께서 야곱을 보고 말씀하셨다.

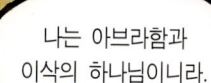

나는 네가 어디로 가든지 너와 함께 하며 너를 지켜 주다가 이 곳으로 다시 데려오리라. 내가 너에게 약속한 것을 다 이루어 줄 때까지 나는 너를 떠나지 않으리라.

야곱은 가정 생활에서 적잖은 괴로움을 겪고 있었는데, 이제는 삼촌 라반이 농부로서 성공한 그를 이용하려 들었다.

"당신들의 아버지가 나를 대하는 태도가 바뀌었소. 나는 할 수 있는 한 열심히 일해 왔는데, 당신들의 아버지는 나를 속여 나에게 주기로 한 삯을 열 번이나 바꿔쳤소."

"하나님께서는 우리를 번영하게 하시고, 곤경에서 우리를 지켜 주셨소. 그런데 이제 당신들의 아버지는 우리에게 이 땅을 떠나라고 말하고 있소."

"아버지는 마치 우리를 외국인처럼 취급해요. 아버지는 우리를 팔아 먹었을 뿐만 아니라 우리에게 돌려 주어야 할 돈도 혼자 가로채었어요. 우리가 애써 모은 재산은 이제 우리 것이지 아버지의 것이 아니에요. 그러니 하나님께서 당신에게 분부하신 대로 하세요."

그래서 야곱은 아내들과 자식들을 낙타에 태우고 많은 가축 떼를 몰고 고향 가나안 땅을 향해 떠났다.

야곱은 자기의 생에서 두 번째로 도망을 친 것이었다. 처음 야곱이 이 길로 올 때는 형을 피해 혼자 왔었다. 그런데 이제는 많은 가족을 거느린 가장으로 다시 돌아가게 된 것이었다.

물론 야곱은 라반의 곁을 떠났지만 전혀 눈치채지 못하도록 할 수는 없었다. 그들이 길르앗 산에 천막을 쳤을 때, 라반과 일행이 뒤따라와 마침내 그들을 따라잡았다.

그들은 일 주일 동안 야곱 일행을 추격했다.

하지만 전날 밤, 라반은 이상한 꿈에 시달렸다. 꿈 속에 나타나신 하나님께서는 야곱을 위협하지 말라고 경고하셨던 것이다.

잔뜩 화가 났음에도 불구하고, 라반은 야곱을 조심스럽게 대했다.

"어찌 이럴 수가 있느냐?"

"어찌하여 내 딸들을 전쟁 포로 잡아가듯이 하느냐? 또 내 가축 떼를 몰래 훔쳐 가다니 될 말이냐? 내 손자들에게 입을 맞추고 떠나 보내지도 못하게 하다니!"

"야곱, 나를 믿어다오. 내가 너를 해치려면 얼마든지 그럴 수 있었어."

야곱이 처음으로 요단 강을 건넜을 때는 자기 형 에서에게서 도망을 치던 때였는데, 그 때 그의 소유라곤 손에 든 지팡이 하나밖에 없었다. 그런데 이제 고향 땅으로 되돌아가는 그에게는 돌보아야 할 아내들과 자식들, 가축들 그리고 종들이 많았다.

야곱은 앞으로 닥칠지도 모를 분쟁 때문에 겁을 먹고 있었다. 그들이 가나안을 향해 발걸음을 옮길 때마다 에서에게 속한 땅으로 점점 가까이 다가가고 있었기 때문이었다.

그들보다 앞서 간 선발대가 돌아와 보고했다. 에서가 야곱이 돌아온다는 소식을 듣고 사백 명의 부하를 거느리고 달려오고 있다고.

두 형제 사이의 문제는 여전히 끝나지 않았고, 에서에게서 들려 오는 죽음의 위협은 아직도 소문으로 떠돌고 있었다.

야곱은 형을 두려워했다.

야곱은 자기 무리를 여러 패로 나누어 각 패에게 에서를 위한 선물을 꾸리게 하여 앞서 보냈다. 그는 이러한 방법으로 형의 마음을 달랠 수 있기를 바랐고, 그렇지 않으면 적어도 에서의 공격에서 살아 남을 기회를 자기 식구들에게 주려고 했다.

가축들과 종들을 보내고 나서 야곱은 아내들과 몸종들과 열한 아들을 데리고 강을 건넜다.

그리고 그는 홀로 뒤떨어져 있었다.

야곱은 앙갚음을 하려는 형에게서 구해 달라고 자기 조상의 하나님께 기도했다.

이 때 야곱은 홀로 남아 형에 대한 두려움에 젖어 있었고, 자신의 삶에 대해 불안해하고 있었다. 그러나 하나님께서는 야곱을 잊지 않았을 뿐만 아니라 오래 전에 그에게 한 약속도 잊지 않고 계셨다.

하나님께서 나타나 이전처럼 야곱에게 말씀하시는데……

한밤중에 나타난 어떤 분과 야곱은 동이 틀 때까지 씨름을 했다.

야곱은 보복을 예상했으나, 에서는 너그럽게 감싸 주고 헤어지면서 기쁨의 눈물을 흘리기까지 했다. 에서는 아우가 살아서 돌아온 것을 행복해 하면서 다시 자기의 길로 되돌아갔다.

"지금 나와 함께 가지 않으련?"

"저에게는 돌보아야 할 많은 가축 떼가 있는데, 그 중에는 어린것들도 있습니다. 저는 천천히 형님 뒤를 따라가겠어요. 지금 바라고 싶은 것은 우리 사이가 바르게 되는 것뿐입니다."

드디어 야곱은 고향 땅에 당도했다.

그는 가나안 땅에 생활의 터를 마련하고 나서 이스라엘의 하나님 – 그의 하나님 – 께 제단을 쌓았다.

비록 가나안 땅은 안전했지만, 야곱 가족의 생활은 이전에도 그랬듯이 그렇게 평화롭지만은 않았다. 그에게는 네 명의 여자들이 낳은 자식들이 있었는데, 그들 중 둘은 딸이었다. 그 딸들은 어떻게 될 것인지?

야곱의 사랑을 받은 아내 라헬은 베냐민이라 불리는 둘째 아들을 낳고 세상을 떠났다.

라헬은 베들레헴으로 가는 길가에 묻혔고, 그 무덤 위에 야곱은 비석을 세웠다.

베냐민은 야곱의 자녀들 가운데 막내였다.

하나님께서는 야곱에게 여러 아들을 주셨다. 그런데 야곱은 다른 아들들의 감정은 개의치 않고 요셉을 더 사랑하였다. 생의 늘그막에 얻은 아들 요셉은 라헬이 낳은 첫 번째 소생이었다.

야곱은 사랑의 표시로 요셉에게 장신구를 단 옷을 지어 입히곤 했다.

이것은 모든 궂은 일을 도맡아 하는 자는 형들인데도 아버지 야곱은 요셉에게 모든 것을 줄 의향을 지니고 있음을 뜻하는 것일까? 그의 형들은 점차 괴로워하게 되었다.

이러한 사실을 잘 알지 못하는 요셉은 이상한 꿈을 꾼 이야기를 시작하는데……

요셉 이야기

지난 밤 저는 아주 놀라운 꿈을 꿨어요. 너무 생생해서 사실인 것처럼 느껴져요.

밭에서 곡식단을 묶고 있었는데, 갑자기 형들이 묶은 단이 모두 둘러서서 내가 묶은 단에게 절을 하지 않겠어요?

또 꿈을 꾸었는데, 해와 달과 열한 개 별이 내게 절을 하더군요. 이 꿈이 대체 무슨 뜻일까요?

네가 꾼 꿈이 대체 무엇이냐? 나와 네 어머니와 네 형제들이 나아가 땅에 엎드려 너에게 절을 할 것이란 말이냐?

내 생각엔 우리 모두가 이 꿈에 대해서는 잊어버리는 게 좋겠다.

그러나 야곱은 잊지 않았다.

그리고 요셉의 형제들도 잊지 않았다.

양을 치며 생계를 삼은 요셉의 가족은 대부분의 시간을 양 떼를 돌보며 들에서 보냈다.

어느 날 아버지의 심부름으로 요셉은 형제들이 어떻게 지내는가 보러 왔다. 형제들도 요셉이 나타나기를 기다리고 있었다.

그들 모두가.

야, 꿈쟁이가 오는구나.

그 동안 우리가 별러 온 일을 하자. 저 녀석을 죽여 아무 구덩이에나 처넣고는 들짐승이 잡아먹었다고 하지 뭐.

자, 어서 그렇게 하자고.

뭔 일이냐고? 이 꿈쟁이야!

쟤를 붙잡아, 어서!

아버지가 특별히 귀여워하는 이 녀석의 옷을 벗겨!

요셉은 형제들의 질투가 살인으로까지 확대되리라고는 생각해 본 적이 없었다.

요셉은 애굽으로 끌려가 바로의 신하인 경호대장 보디발에게 팔렸다.

보디발은 새로 들어온 노예가 특별한 존재라는 사실을 재빨리 알아챘다. 하나님께서는 요셉과 함께 하셨고, 그가 하는 모든 일이 다른 이보다 뛰어나도록 도우셨다.

보디발은 바보가 아니었다. 그는 요셉이 믿을 만한 사람임을 알아보았다. 곧 자기의 모든 재산을 요셉이 관리하도록 맡겼다.

요셉은 책임이 주어지면 주어질수록 더욱 열심히 일했다. 하나님께서는 요셉에게 엄청나게 많은 재능과 함께 복을 주셨다.

……그의 수려한 용모를 포함하여. 요셉은 그 용모 때문에 보디발의 아내에게 유혹을 받았다.

요셉, 온 집안 사람 가운데 너처럼 큰 신뢰를 받는 이는 아무도 없어. 그래서 남편은 너에게 모든 것을 맡겼지.

물론 나를 제외하고. 부탁인데, 함께 내 침실로 가 줄 수 없을까?

어떻게 그런 말씀을 하실 수 있습니까? 주인 어른께서는 저에게 모든 것을 맡겼습니다. 제가 주인 어른을 배신한다면, 하나님께 죄가 됩니다.

네가 아직도 노예라는 사실을 잊지 마, 요셉. 너는 나를 영원히 피할 수 없어. 나는 너를 원해. 너를 꼭 차지하고 말 거야.

어떻게 마님께서 그런 말씀을 하시는지 이해할 수가 없군요.

그래, 내가 단념하지. 히브리 녀석이 감히 날 조롱하다니! 두고 보자.

보디발, 내가 방에 홀로 있는데, 당신의 종 녀석이 나를 강간하려 했어요! 그래서 고함을 쳤더니, 뛰쳐나갔어요! 보세요, 여기 그놈이 버려 두고 간 옷이 있어요!

물론 누구도 보디발의 아내의 거짓에 대해 항변하는 노예의 말을 믿지 않았다. 화가 난 보디발은 요셉을 잡아 감옥에 가두었다.

요셉은 겁먹은 모습으로, 홀로, 또다시 어둠 속에 쭈그리고 있었다.

그리하여 야곱의 아들은 지상에서 가장 강한 힘을 가진 애굽의 왕 바로와 얼굴을 마주하게 되었다!

술잔을 드는 시종장이 나에게 고백하기를, 너에게 아주 몹쓸 짓을 했다고 하더군. 너는 친절을 베풀었는데, 그는 지금까지 너를 잊고 있었다고! 자신의 잘못을 스스로 뉘우쳤지. 요셉, 네가 꿈을 풀 수 있는 능력을 가지고 있다고 들었는데, 그게 사실이냐?

아닙니다, 폐하. 그것은 제가 푸는 게 아닙니다.

폐하께 복된 말씀을 일러 주실 이는 하나님뿐이십니다.

네 하나님이? 상관없어.

꿈에 나는 나일 강가에 서 있었어. 그런데 난데없이 살이 찌고 잘생긴 암소 일곱 마리가 강에서 나와 갈대풀을 뜯었네.

그리고 바짝 여윈 암소 일곱 마리가 뒤따라 나왔는데, 여위고 볼품 없는 그 소들이 먼저 나온 살진 일곱 마리 소를 잡아먹었어. 그러나 그렇게 잡아먹고도 여전히 볼품이 없었어. 그 소들은 이전에 그랬던 것처럼 병든 것처럼 보였어.

또 꿈에 토실토실 잘 여문 이삭 일곱을 보았는데, 샛바람에 말라 여물지 못한 일곱 이삭이 나타나 잘 여문 이삭 일곱을 삼켜 버렸어.

요셉, 나는 몹시 괴로워. 마술사와 박사들을 불러 조언을 구했으나 아무도 내 꿈을 풀어 주지 못했어. 이 꿈이 무엇을 뜻하는지 좀 풀어 보아라.

기근이 다가오고 있습니다. 폐하께서 서둘러 대비하지 않으시면, 애굽은 큰 재난을 당할 것입니다. 암소와 이삭들은 같은 것입니다. 칠 년 동안은 풍년이 들겠지만, 그 다음 칠 년 동안은 가뭄과 전염병과 병충해로 인해 흉년이 들 것입니다. 흉년 때문에 나라는 끝장날 것입니다.

그러니 폐하께서 믿을 만한 사람을 찾아 애굽 온 땅을 다스리는 일을 맡기십시오. 그로 하여금 식량을 거두어들여 비축하게 하십시오. 나라 일을 감독할 자를 세우시어 이 땅에서 나는 것을 그 오분의 일씩 받아들여 쌓아 두고, 일곱 해 동안 계속될 흉작에 대비하게 하셔야 합니다.

오, 참으로 놀랍구나. 하나님께서 이 모든 것을 너에게 보여 주셨으니, 나는 요셉 너를 애굽 온 땅의 통치자로 세운다. 나는 바로다. 애굽 안에서 너의 승낙 없이는 아무것도 할 수 없음을 분명히 밝혀 둔다!

요셉은 나이 삼십 세에 바로를 섬기는 심복이 되었다. 왕의 마차에 올라타고 가는 곳마다 백성이 그에게 무릎을 꿇었다.

요셉은 칠 년 동안 식량을 거두어 저장하는 일을 쉬지 않고 했다. 도시마다 거대한 창고를 짓고, 더 이상 창고에 쌓을 수 없을 만큼 식량을 저장했다.

이제 무슨 일이 일어난다 하더라도, 그 대비는 충분했다.

정확히 칠 년이 지나자 기근이 닥쳐왔다. 강은 마르고, 농작물은 제대로 되지 않았다. 동물들은 굶어 죽고 불볕에 타 죽기도 했다.

땅은 생명을 포기했다.

그러나 애굽은 살아 남았다.

마침내 요셉은 식량 창고를 열었다. 온 애굽에서 바로가 비축해 둔 식량을 사려고 백성들이 몰려왔다.

기근은 애굽 국경 밖의 다른 지역까지 휩쓸었다. 그러자 이웃 나라에서도 식량을 사기 위해 방문객들이 속속 도착했다. 어느 날, 한 무리 사람들이 찾아왔는데, 그들은 요셉이 살아서는 다시 보리라고 생각지도 않은 사람들이었다.

자, 이걸 가지고 있거라. 난 이 외국인들과 얘기를 나누어 봐야겠다.

네, 나리.

이 때 요셉은 그들이 알아볼 수 없을 만큼 엄청나게 변해 있었다.

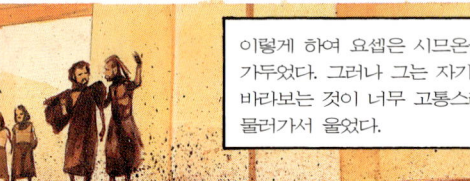

그리하여 큰 기근이 든 지 두 해째 되는 해에 야곱은 온 가족을 이끌고 최후의 여행길에 올랐다.

비록 땅은 생명을 포기하고 있었지만, 하나님께서는 여전히 야곱에게 한 약속을 잊지 않고 계셨다.

하나님께서는 야곱의 꿈에 한 번 더 나타나셨다. "애굽으로 가는 것을 두려워하지 말라."고 야곱에게 말씀하셨다. "너의 자녀들이 큰 민족을 이룰 것이다. 그리고 어느 날, 나는 너희 민족을 다시 가나안 땅으로 인도할 것이다!"

하나님의 말씀은 놀라웠다.

요셉은 죽지 않고, 지상에서 가장 강한 민족을 다스리고 있었다.

아버지?

이게 누구냐? 정말 너로구나!

자, 어디 좀 보자. 이렇게 오랜만에 너를 보다니! 참으로 많이 변했다. 너를 다시 볼 수 있으리라고 결코 생각해 본 적이 없었다. 나는 네가 죽은 줄만 알았다.

아버지, 이렇게 살아 있잖아요. 알아보시겠어요?

제가 요셉이에요.

오, 내 귀염둥이! 내 두 눈으로 너를 보았으니, 이젠 죽어도 여한이 없다. 네 조상 이삭과 아브라함의 하나님께서 우리를 구원하셨구나!

기근은 땅을 황폐하게 만들고, 토양은 곡식이 자라는 걸 거부했다. 그래서 수확은 실패하고, 가축 떼는 사라지고, 사람들은 굶어 죽었다.

그렇지만 애굽은 살아 남았다. 그리고 요셉 때문에 그의 가족도 살아 남았다.

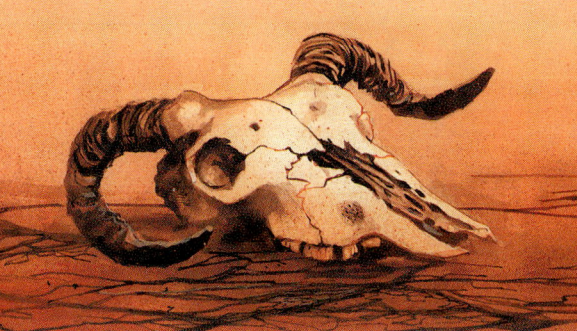

기근이 든 여러 해 동안 이스라엘이라 불리는 야곱의 자손들은 애굽에 머물러 살았다. 이스라엘의 열두 아들은 열두 부족을 이루고, 그들은 '이스라엘 왕국의 백성', 즉 이스라엘의 자손이라 불렸다.

젊은 시절 야곱은 살아 남기 위해 도망칠 때 소유물도 친구도 미래도 없었다. 오직 두려움에서 벗어나기 위해 가족을 버렸다.

하지만 이제 그는 바로가 자신의 오른팔로 여기는 심복의 아버지였다.

야곱이 죽었을 때, 그는 왕과 같은 장엄한 장례 의식으로 모셔졌다.

그의 시신은 가나안 땅으로 돌아갔는데, 아브라함과 사라, 이삭과 리브가가 묻힌 무덤 곁에 안장되었다.

요셉은 매우 오래 살았다. 형제들은 자기들이 예전에 저지른 잘못 때문에 두려워했지만, 요셉은 형제들을 완전히 용서했다.

요셉은 애굽에서 죽어 묻혔으나, 나중에 고향으로 돌아갈 때 자신의 유골을 함께 가지고 가라는 유언을 남겼다. 그 유언대로 그는 자기 선조들과 함께 안식할 수 있었다.

이스라엘 자손은 애굽에서 점점 불어났다. 그리고 몇 해가 몇십 년으로 바뀌었다.

또 몇십 년이 몇백 년으로 바뀌었다.

그러나 그 여정은 이스라엘 자손에게는 고통스러운 것으로 변해 갔다.

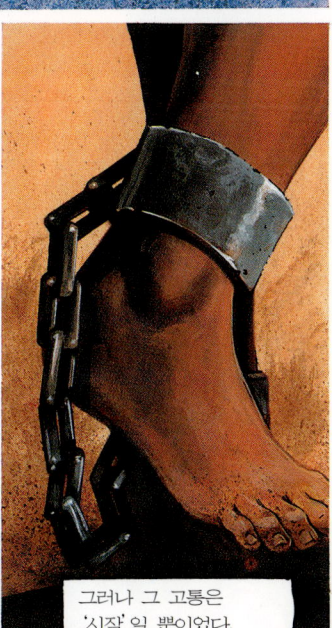

그러나 그 고통은 '시작'일 뿐이었다.

모세 이야기

요셉의 통치와 대기근이 일어난 이후 거의 삼백 년의 세월이 흘렀다. 애굽에는 어둠의 시대가 엄습했다.

야곱의 자손, 즉 이스라엘 백성은 애굽인의 노예가 되었다. 그럼에도 불구하고 그들은 꾸준히 생명을 영위하고 있었고, 백성의 수효도 증가했다.

새 바로는 늘어나는 이스라엘 백성에 대해 극단적인 해결책을 제시했는데, 새로 태어난 모든 사내아이를 태어나는 즉시 강에 처넣는 것이었다.

이 이야기는 모세라 불리는 한 인간과, 그가 자기 백성을 어떻게 자유로 인도했는가에 대한 이야기이다.

박해의 시대에 태어난 아기 모세는 석 달 동안 몰래 숨겨져 길러졌다. 그의 어머니는 아기가 발각되는 것은 시간 문제라는 것을 알고 있었다.

결국 그녀는 아기를 강가로 데려갔다.

그러나 아기를 그냥 물에 빠뜨릴 순 없었다. 역청과 송진을 칠한 바구니에 아기를 담은 뒤 갈대밭 속으로 밀어넣었다.

마침 바로의 딸 하나가 목욕을 하려고 강으로 들어가고 있었다. 아기가 담긴 바구니가 그녀를 향해 천천히 다가왔다.

바로의 딸은 아기 우는 소리를 들었다.

그녀는 아기가 어디에서 떠내려 왔을까 하는 것은 생각하지도 않았다. 모세의 누이는 가까운 곳에 숨어서 아기의 안전을 지켜 보고 있었다.

바로의 딸은 아기를 데려다 키우기로 결심했다. 그리하여 억압받던 노예의 버려진 자식은 위험을 벗어나 바로의 궁전 안으로 들어갔다.

그 다음은 가축 떼가 병에 걸리는 재앙이었고, 계속해서 사람을 괴롭히는 피부병의 재앙이 닥쳤다.

우박의 재앙은 애굽 전역의 농작물을 파괴했다. 그 다음 메뚜기의 재앙은 우박의 재앙이 남겨 둔 것들을 끝장내 버렸다.

하지만 바로는 이스라엘 백성을 내보내길 거부했다.

그 다음은 어둠의 재앙이었다. 아홉째 재앙은 이 정도까지였지만, 단 한 번 남은 마지막 재앙은 가장 무서운 것이 될 것임에 분명했다.

바로는 한 번의 마지막 기회가 있었지만, 거부했어요. 그는 나를 보고 눈앞에서 사라져 버리라고 하더군요. 그래서 이제 마지막 그 일을 하려고 해요. 마지막 재앙이 닥치면, 그는 우리에게 자유를 주지 않을 수 없을 거예요. 우리는 서둘러 준비해야 합니다.

그 날은 특별한 밤이었다. 그들은 그 날을 달력에서 첫 날로 삼을 것이었다. 이것은 매우 중요했다.

모든 이스라엘의 가문은 가장 좋은 어린 양을 잡도록 했다. 가난한 집은 이웃에게 얻어서 사용하게 했다. 그들은 양의 피를 받아 문설주에 발라 표시하게 했다.

그리고 그들은 양고기를 구워 누룩 없는 빵과 함께 먹도록 했다. 이것을 행하는 것은 그 날 밤뿐 아니라 오는 세대에게도 매우 중요한 것이다.

애굽에는 무서운 일이 벌어지려 하고 있었지만, 하나님의 도우심으로 이스라엘 백성은 어떤 해도 입지 않을 것임을 알고 있었다.

한밤중에 하나님께서는 애굽을 치셨다. 모든 애굽인 - 옥좌에 앉은 바로로부터 지하 감옥에 갇힌 죄수까지 - 의 처음 난 아들들이 다 죽었다.

이것은 처음 난 아들의 재앙으로, 가장 무서운 것이었다.

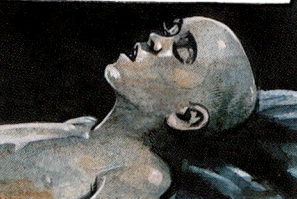

슬픔으로 울부짖는 소리가 거리를 가득 메웠다.

그러나 죽음은 이스라엘 백성을 피해 갔다.

마침내 바로는 그들에게 가라고 했다.

애굽인들은 이스라엘 백성이 돌아가는 것을 보고 매우 속상해했는데, 이스라엘 백성이 그들의 식량과 가축 떼, 심지어 금과 은마저 가져갔기 때문이었다.

아론, 백성들에게 이 날을 꼭 기억하라고 이르세요. 매해마다 이 날에 우리는 누룩 없는 빵을 먹으며 하나님께서 우리를 구원하신 것을 기념하라고 말입니다.

그것은 그들이 손목이나 이마에 붙이고 다니는 기념물과 같은 표시물이 될 것이었다.

모든 이스라엘의 처음 난 것 - 가축까지도 - 은 이제 하나님께 속한 것이었다. 그들은 모두 하나님의 보호 아래 있었다.

이스라엘 백성은 애굽을 떠났다. 요셉의 유골까지도 그들과 함께 옮겨져 마침내 고향 땅에 묻힐 수 있었다. 고향 땅을 향한 여행을 시작한 것이었다.

애굽인들은 재앙의 참화에서 서서히 회복되고 있었다. 어떤 이들은 다시 무언가 생각했다.

그분은 여러 날 이 음식을 마음에 들어 하셨지요. 결코 가만 있지 않을 거예요.

그래, 끝난 건 아닐 거야.

결국 갈등은 그들이 일으킨 것, 내가 놈들을 순순히 보낼 줄 알아?

경호원! 어서 마차를 모는 병사들과 가장 빠른 병사들을 불러라. 나는 이스라엘 놈들을 추격할 것이다.

그놈들은 돌아와야 해!

이스라엘 백성은 천막을 치고 쉬었다. 그들이 머무는 곳은 한쪽으로는 산들이 에워싸고 있었고, 다른 쪽으로는 홍해가 가로놓여 있었다. 때문에 그들은 애굽 병사들에게는 손쉬운 표적이었다.

그들 중 발병이 난 노예들은 차라리 강제 노동을 하는 것을 바라고 있었다. 비록 무장은 하고 있었지만, 바로의 정예 병사들에게 상대가 될 수 없었다.

애굽인들이 쫓아온다!

파수병들을 불러! 누가 가서 모세와 아론에게 알려라!

모세! 빨리 나와 보세요!

드디어 애굽인들이 우리를 추격해 왔군.

모세, 이제 어떻게 할 셈이오?

우리는 바로 밑에 있을 때가 더 좋았소. 이젠 우리를 죽일 것이오. 왜 우리를 끌어 내어 광야에서 죽게 만드는 것이오?

백성들에게 두려워하지 말라고 하시오. 하나님께서 우리와 함께 계시니!

그렇지만 모세, 애굽인들이 …….

우리는 애굽인들을 다시는 보지 않게 될 것이오.

애굽인들이 이스라엘 진영에 접근하자, 구름 기둥이 양 진영 사이를 가려 서로 접근하지 못하게 만들었다.

바로의 가장 우수한 병사들은 바로 그들 눈앞에 진을 치고 있는 이스라엘 백성을 찾는 데 실패했다.

그러나 이스라엘 백성은 갇혀 있었다. 그들의 뒤에는 애굽인들이, 앞에는 홍해가 가로놓여 있었다. 이 때 하나님께서 모세에게 말씀하셨다.

왜 백성이 나에게 부르짖기만 하느냐? 네 지팡이를 들어 올려라. 그러면 너희는 바다를 마른 땅처럼 건너가리라.

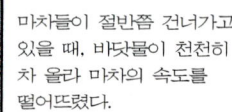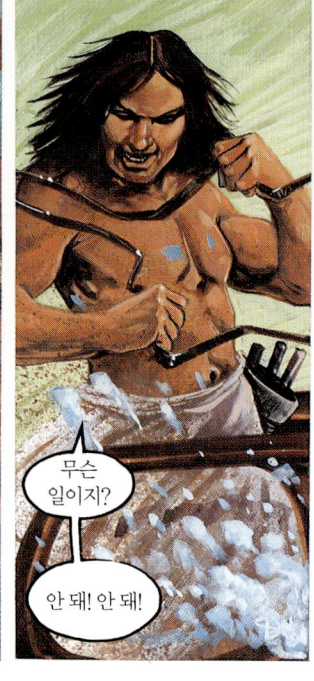

사십 년의 세월이 흘렀다.

오랜 여행, 싸움과 불화, 위대한 승리와 엄청난 실망이 엇갈렸던 사십 년.

그러나 무엇보다도 하나님께서는 그 사십 년 동안 자기 백성에게 한 약속을 지키셨다.

마침내 이스라엘 백성은 약속의 땅 가나안에 도착했다.

그들이 오랜 여행을 끝내려 할 즈음, 이제 노인이 된 모세는 약속의 땅이 바라다보이는 시내 산 꼭대기로 올라갔다.

저들을 봐! 내가 저들을 인도하는 동안 그들은 참으로 악해졌어. 그러나 이제 자기들이 행한 것에 대해서는 스스로 책임을 져야 해……

……바보들, 저들 모두 - 자신들의 어리석음이 자신들을 인도할 것이라는 사실을 알지 못하는 바보들.

그래, 나는 너무 지쳤어.

사십 년을 쉬지 않고 움직였으니, 내가 지친 것도 이상할 게 없지. 광야 생활을 돌이켜보면, 우리가 굶주렸을 때, 하나님께서는 우리를 먹이기 위해 하늘에서 만나를 내려 주셨지. 매일 아침 우리는 그것을 모아다가 배가 부르도록 먹곤 했지.

하지만 그것이 그들에게 충분한 행복을 주지는 못했지.

나는 다시 애굽인들에게 붙잡혀 살았으면 해.

우리는 애굽에서 고기와 신선한 야채와 멜론과 오이를 먹을 수 있었어. 그런데 만나, 만나, 만나만 먹으라니. 우리를 병들게 하여 죽일 작정이야! 우리는 다시 고기를 먹고 싶다구!

그러자 하나님께서는 우리에게 고기를 보내 주셨지. 메추라기 떼가 실제로 우리 군대 속으로 날아왔지.

그러나 백성은 탐욕스러워져서 필요한 것보다 더 많은 고기를 모았지.

저녁 식사 때도 메추라기, 아침 식사 때도 메추라기, 우리는 귀가 따갑도록 메추라기 소리를 들었어. 그러자 곧 메추라기 소리에 싫증을 냈지.

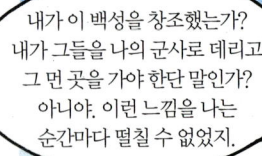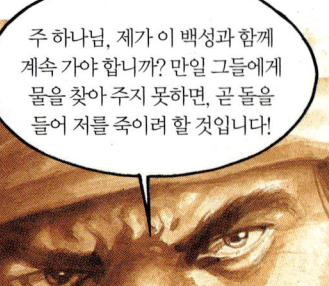

"뇌물을 받지 않는 하나님을 두려워하는 사람을 세워서, 큰 사건만 자네에게 가져오게 하고, 나머지는 그들 스스로 처리하도록 하게."

애굽를 떠난 뒤 석 달 뒤에 이스라엘 백성은 시내 광야에 도착하여 시내 산기슭에 진을 쳤다.

하나님께서 불타는 덤불 가운데 나타나셔서, 모세에게 애굽으로 가서 이스라엘 백성을 인도해 내라고 하신 곳이 바로 이 호렙 산 위에서였다. 그런데 모세는 이제 이스라엘 백성을 데리고 그 때 그 자리로 되돌아온 셈이었다.

그들은 진을 치고 기다렸다.

사흘째 되는 날 아침에 이스라엘 백성은 천둥 소리를 듣고 깨어났다.

산은 천둥 소리와 번개로 살아 꿈틀거렸다. 그 소리는 형언할 수조차 없었다. 이스라엘 백성은 공포에 떨며, 이리 뛰고 저리 뛰며, 울부짖고 난리였다.

모든 백성이 똑같이 소리를 질렀다. "모세를 찾아라! 모세는 어서 나와 우리를 구원하라!"

물론 백성이 그렇게 두려워할 만한 이유가 있었다. 천둥 소리보다 요란한 나팔 소리가 울리는 가운데, 하나님께서 산에서 내려오셨기 때문이었다.

모세는 산허리로 올라갔다. 땅이 흔들리고 가마에서 뿜어 나오듯 연기가 치솟았지만, 그는 연기와 구름 속으로 올라갔다.

그리고 거기에 계신 하나님의 얼굴을 보았다.

하나님께서 말씀하셨다.

그래서 모세는 백성에게 돌아가 하나님께서 일러 주신 모든 것을 그들에게 말했다.

"백성들은 번쩍이는 번개를 보고 천둥 소리를 듣고 두려워서, 자기들을 대신해 하나님께 말씀을 올려 달라고 나에게 졸랐지.

물론 그들의 나쁜 버릇인 불평이 마지막은 아니었어! 그러나 이제 우리에겐 우리가 살면서 지켜야 할 하나님의 법, 열 가지 계명과 삶의 모든 것을 포함한 수백 가지의 법들이 주어져 있었지.

하나님께서는 우리에게, 당신을 사랑하고 당신이 주신 율법에 복종하기를 원하셨지. 하나님께서 주신 율법은 우리로 하여금 서로를 돌보며 살아갈 방법을 일러 주신 것이었어. 율법은 가난한 자를 보살피고 땅을 지키도록 해 주었지. 결국 율법은 우리를 억누르기 위한 제약이 아니라 삶을 위한 도구, 하나님의 선물이었지.

그래서 백성은 그것을 기쁘게 받아들였지."

모세는 열두 개의 돌로 제단을 쌓았다. 그것은 야곱의 열두 아들들로부터 유래된 이스라엘의 열두 부족을 표현하기 위해서였다. 그는 하나님과 함께 여러 항목의 계약들을 그들에게 읽어 주었고, 그들은 "우리는 하나님께서 말씀하신 모든 것에 복종할 것입니다."라고 응답했다.

그리고 나서 모세는 아말렉 부족과 싸운 여호수아를 데리고 다시 한 번 더 하나님의 말씀을 듣기 위해 하나님의 산으로 올라갔다.

그들은 사십 일 동안 갔다.

그 때에 하나님께서는 모세에게 계약의 궤 - 하나님과 그 백성 사이에 맺은 계약을 담은 상자 - 를 만드는 방법을 일러 주셨다. 또한 여행하는 동안 하나님께서 임시로 거처할 장막을 만드는 법도 말씀해 주셨다.

하나님은 모든 말씀을 마치신 뒤, 모세에게 돌에 새긴 십계명을 주셨다. 그것을 받아 들고 모세는 곧 백성에게 돌아왔다.

모세 어른, 무척 시끄러운 소리가 들리는군요. 진지에 전쟁이 터진 게 아닐까요? 무슨 일이까요?

"여호수아, 내가 듣기엔 노랫소리 같구나."

그러자 하나님께서는 그들을 용서해 주셨지. 하나님께서는 그들에게 계속해서 삶의 기회를 주셨으나, 이스라엘 백성은 결코 만족하지 않았어. 그리고 우리가 약속의 땅을 눈앞에 두었을 때, 백성은 다시 하나님의 분노를 일으켰지.

모세는 눈앞에 있는 가나안 땅을 살피고 오라고 열두 명의 정탐군을 보냈다. 유다 부족에서 뽑힌 갈렙과 여호수아는 그 땅이 하나님께서 말씀하신 그대로라고 보고했다.

그 땅에 사는 사람들은 하나님께서 행하신 것을 듣고 그들을 볼 때마다 두려워하며 도망을 쳤다. 그들과 싸워야 할 사람들은 그들을 보고 졸도하기도 했다.

그러나 다른 정탐꾼들은 그 땅에 사는 사람들이 우리가 대적하기에는 너무 강하며, 또한 그 땅은 우리가 살아가기에는 너무 메마르더라고 과장하며 거짓을 늘어놓았다. 모세는 밤새도록 그들과 입씨름을 했다.

여호수아와 갈렙은 그 땅이 매우 좋다고 말했소. 만일 하나님의 뜻이라면, 하나님께서는 우리를 그 약속의 땅으로 인도해 주실 것이오.

그러나 우리는 전쟁을 해야 할 것이오. 그러면 우리는 전투에서 죽고, 아내들과 아이들은 포로가 되고 말 것이오. 나는 다시 애굽으로 돌아가는 것이 좋다고 생각하오.

애굽?! 왜 그렇게 두려워하시오? 하나님께서 우리와 함께 하시면, 그들은 우리의 대적이 되지 못할 것이오.

우리는 가지 않겠소. 그 땅에는 키가 장대 같은 거인들이 있다는데, 그들에 비하면 우리는 메뚜기와 같소. 우리의 지도자들은 우리를 죽음으로 몰아넣으려 하고 있소. 그들을 돌로 칩시다! 돌로 쳐 죽입시다. 그리고 새로운 지도자를 세워 애굽으로 돌아갑시다!

이제 그만!

당신들은 애굽에서 노예들이었어! 그런데 하나님께서 당신들을 위해 하신 일을 벌써 다 잊었단 말이오?

어찌하여 그렇게 믿음이 약하오? 내가 하나님께 우리를 구해 달라고 호소하겠오.

하나님께서는 믿음이 없는 이스라엘 백성을 광야에서 방황하도록 선고를 내리셨죠. 애굽을 떠난 세대가 모두 죽을 때까지 말이죠.

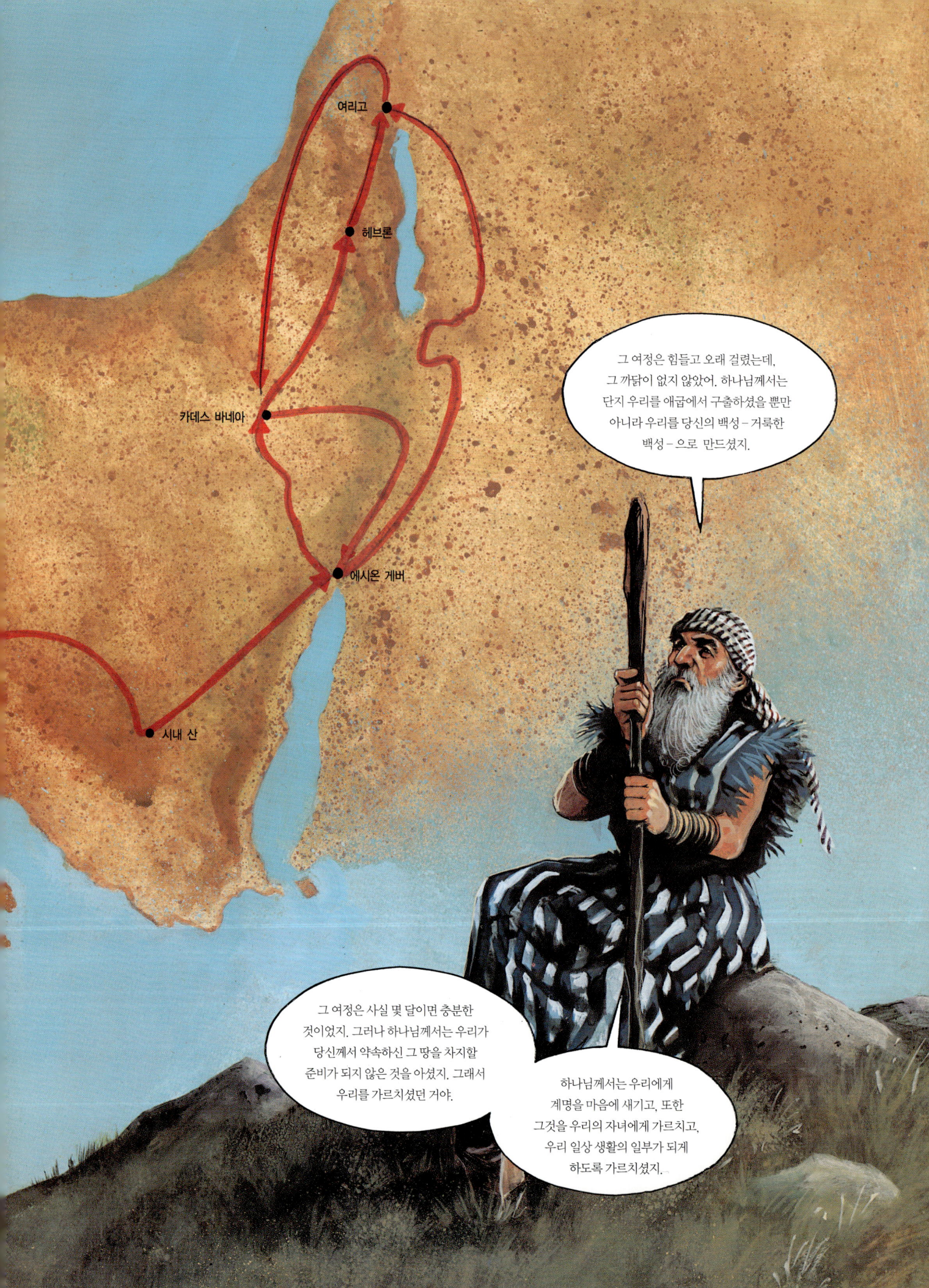

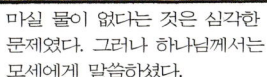

나는 내가 터뜨린 분노 때문에 값비싼 대가를 치렀다. 결국 분노로 하나님께서 행하신 일의 공을 차지하려 한 셈이었어. 나는 내 눈으로 하나님의 거룩하심을 보았고, 하나님께선 타협하지 않는 분이심을 알았지. 나도 예외는 아니었어…….

너희는 내일 하나님께서 약속하신 그 땅을 차지하리라. 나는 후계자로 여호수아를 세우노라. 나에게 한 것처럼 그에게도 복종하라.

모세 어른, 그게 무슨 말씀이십니까? 어른께서는 우리와 함께 가지 않을 것처럼 말씀하시니!

나는 죄를 지은 몸, 하나님께는 예외가 없다. 나는 벌을 받아 그 땅에 들어갈 수가 없다.

이제 내가 하는 말을 들어라. 나는 너희에게 계명을 준다. 그러나 그 계명을 지키는 것은 어려운 일이 아니다.

그것은 너희와 아주 가까운 곳에 있다. 너희는 그것을 알고 인용하여 말할 수도 있다. 너희가 지킬 계명은 이것이다.

생명을 선택하라!

만일 너희가 하나님께 복종하고 계명을 지키면, 하나님께서 너희에게 복을 내려 주실 것이다. 그러나 만일 너희가 복종하지 않고 다른 신들을 섬기면, 너희는 파멸에 이르고 말 것이다.

너희에게 선택권을 준다. 아무쪼록 잘 선택하라. 그러면 하나님께서 앞장 서서 너희를 인도할 것이다.

여호수아, 너는 강하고 담대하여라. 하나님께서 너와 함께 하실 것이다. 하나님께선 너를 떠나거나 너를 버리지 않을 것이다. 내가 말한 것들을 잊지 말라. 그것은 헛된 말이 아니다. 그것은 곧 너의 생명이다.

그리고 나서 모세는 약속의 땅이 내려다보이는 산으로 올라갔다.

이스라엘, 너에게 축복이 있기를! 하나님께 구원받은 백성, 너희와 같은 자가 누가 있을까?

이스라엘 백성이 하나님이 약속하신 땅으로 들어가기 위해 모세를 떠났을 때 모세의 나이는 백이십 세였다. 그러나 그의 눈은 여전히 푸르고, 힘도 떨어지지 않았다.

그는 늙어서 죽었다. 비록 그는 약속의 땅에 들어가지 못했으나 느보 산 꼭대기에서 그 땅을 내려다볼 수 있었다.

이전에도 이후에도 모세처럼 하나님과 얼굴과 마주 대한 예언자는 없었다.

여호수아 이야기

이스라엘 백성은 무거운 마음으로 모세와 헤어져 요단 강을 향해 길을 떠났다. 그 곳은 그들이 그리던 새로운 고향이었다.

앞에는 요단 강 너머 얕은 여울을 지키는 여리고 성이 떡 버티고 있었다. 그 곳은 무서운 저항이 예상되는 곳이었다.

군대의 움직임과 방어군의 사기에 대한 정보, 그리고 방어 시설의 약화는 다가오는 전투에서 결정적인 것이었다.

두 명의 정탐꾼은 그 도시에 있는 어떤 집에 묵었는데, 그 곳은 외국인이 미리 예약하지 않고도 편안하게 머물다 갈 수 있는 곳이었다. 바로 창녀 라합의 집이었다.

약속의 땅이 매우 가까워졌음에도 불구하고, 위험은 아직도 남아 있었다. 그래서 여호수아는 두 명의 정탐꾼을 보냈다.

그 도시에 떠도는 불안-이스라엘 사람들이 모험을 벌일 것이라는 소식이 그들에게 전해졌다. 이스라엘 사람들을 적대시하는 그들은 무서운 공포에 빠졌다.

"자연스럽게 행동해. 그들이 눈치채지 못하도록."

몹시 긴장된 순간에, 두 명의 외국인이 엄지손가락처럼 튀어 나왔다.

"우리는 모든 외국인을 잡아들이고 있다. 너희 두 사람! 잠시 함께 가자."

"자, 붙잡히기 전에 어서 도망치자."

"그런 얘기는 그쯤 해 두라구!"

"입 좀 닥치고 달아나자니까!"

"라합, 우리를 좀 숨겨 주게!"

"어서, 안으로!"

"그런데 당신들의 정체는 뭐죠?"

"중요한 임무를 띠고 이 땅을 살피러 온 이스라엘의 정탐꾼일세."

"이 곳 사람들은 당신들 소문을 듣고 공포에 질려 있어요."

"사실이오?"

"쉬쉬, 밖에 사람들이 와 있어요."

"이 지역의 모든 집을 뒤졌는데, 이제 이 집만 남았군!"

"창녀의 집이지. 문을 열어 주지 않으면 문을 걷어차서 열어. 그리고 그들을 찾아!"

"저를 따라오세요. 가끔 저에게 온 손님들이 서둘러 떠나기도 하지요. 그래서 저의 집엔 비밀 통로가 있어요."

"당신들이 여리고를 공격할 때 저와 제 가족을 살려 주겠다고 약속해 주세요."

"암, 하늘에 두고 맹세하지."

"서둘러요, 경비병들이 돌아오기 전에!"

"그리고 약속을 잊지 마세요."

"걱정 말게, 잊지 않을 테니."

창녀는 정탐꾼들이 도망칠 수 있도록 도왔다. 정탐꾼들은 여리고 사람들이 두려움에 사로잡혀 있고, 이스라엘 군대와 하나님을 무서워하고 있다는 새로운 정보를 가지고 돌아왔다.

이것은 여호수아가 분명히 확인하고 싶어했던 것이었다.

여호수아가 죽은 후 여러 해가 지나자 새로운 세대가 형성되었는데, 그들은 하나님을 알지 못했고, 그가 이스라엘을 위해 무엇을 했는지도 알지 못했다.

그리고 알고 있던 자들도 관심을 기울이지 않았다. 생활은 풍족했고, 때문에 백성은 원하는 대로 했다. 새로운 땅에서 안락함을 누리면서 나태와 만족에 빠졌고…… 결국 타락에 빠졌다.

그들은 이방 종교에 젖어들고 말았는데, 그들의 적들이 숭배하던 바알과 아세라 —고대 셈인의 풍작과 생식의 신-여신을 섬겼다.

하나님을 잃어버린 그들은 환락과 난잡한 성 행위에 빠졌다.

이웃 나라의 풍요의 제의를 신봉했고, 돌과 나무로 만든 신상들 앞에 절했고, 하나님의 빛 대신 불결한 어둠의 의식에 빠져들었다.

그들은 그들에게 전해진 하나님의 법을 파괴했다. 종교적이고 사회적인…….

그리고 도덕적인.

그 나라는 실제적이고 손에 잡히는 악에 불들렸다.

이 때가 이스라엘에게는 어둠의 시대였다.

그들은 하나님을 거부했지만, 그러나 하나님께서는 여전히 그들을 구원할 계획을 갖고 계셨다. 하나님께서 많은 위험에도 불구하고 이스라엘을 그들의 적으로부터 구해 낼 사람을 보낸 것은 바로 이 때였다.

이것이 바로 심판의 날이었다.

기드온 이야기

"다시 저 먼 곳에 화염이! 또 한 마을이 사라졌군."

"사람들이 하나님을 거역한 죄로 살아 있는 것들이 산산조각나 사라지면, 다만 놀랄 뿐이지."

하나님이 보호해 주시지 않자 이스라엘은 적들의 공격에 노출되었다. 이스라엘의 약화된 상태를 이용하기에 혈안이 된 미디안 사람들은 동쪽 국경선을 따라 메뚜기 떼처럼 밀고 올라왔는데, 그들이 지나간 곳에는 아무 것도 살아 남는 것이 없었다.

"그러면 우리는 어떻게 해야지? 식량을 땅에 묻어 감추어야겠지. 마치 동물들처럼 사는 꼴이 되는군. 왜 하나님께서는 잠잠히 계신 걸까!"

깨끗한 마음을 지닌 기드온은 실제로 어떤 응답도 기대하지 않았다. 그런데……

"기드온아, 하나님이 너와 함께 하신다. 실제로 넌 용기 있는, 힘센 전사가 아니더냐!"

"용기 있고 힘이 세다고요? 저는 이렇게 땅 위를 기어다니며 포도주 틀 속에서 밀 이삭을 떨고 있었는걸요. 미디안 사람들에게 들키지 않으려고요!"

"저는 용기도 없고 힘도 세지 못합니다."

"그런데 어찌 당신은 "하나님이 너와 함께 하신다." 고 말씀하시는 거죠? 만일 하나님께서 우리와 함께 하신다면, 그분은 자기 백성을 구할 사람을 보내셨을 겁니다."

"그렇다. 하나님은 그들을 구원할 것이다. 하나님은 기드온 너를 그들에게 보내셨다! 하나님은 너를 통하여 놀라운 일을 하실 것이다!"

"저라고요? 하나님께서 저를 보내길 원하신다구요?"

"잠깐만 기다려 주세요. 아니, 그런데 내가 누구와 이야기를 했지?"

"이거 내가 완전히 미친 것일까, 아니면 내가 정말로……. 하나님과 이야기를 나눈 것일까?"

"만일 이 일이 실제로 일어난 것이라면, 그리고 당신이 하나님의 천사라면, 저에게 증거를 보여 주세요! 제가 이 양털을 땅에 놓아 두겠어요. 만일 아침에 땅은 말라 있는데 양털만 젖어 있다면, 당신의 말씀을 믿겠어요!"

그리고 나서 다음 날 아침…….

"이럴 수가! 내가 말한 대로 젖어 있군."

"땅은 뼛조각처럼 바짝 말라 있고……. 그래, 하나님께서 나타나셨음에 틀림없어!"

"하나님께서 명하신 대로 시작해야지. 먼저 우리가 해야 할 것은 우상들을 깨부수는 거야!"

삼손 이야기

"할아버지, 우리가 잠자리에 들기 전에 옛날 이야기를 해 주신다고 하셨죠?"

"옛날 이야기? 너희가 원하는 이야기가 사랑과 결혼, 그리고 행복한 결말로 끝나는 그런 이야기니?"

"아니에요. 전쟁과 치열한 싸움에 얽힌 이야기를 해 주세요. 한 사람의 판관에 대해 이야기해 주시면 좋겠어요."

"판관? 그래, 너희 말대로 많은 판관들이 있었단다. 우리가 왕을 모시기 전에는 판관들이 이스라엘을 다스렸지. 모두가 기드온처럼 분별력을 가지지는 않았지만."

"잘 들어 보아라. 여자 예언자인 드보라, 자객이었던 에훗이 있었고, 그리고 삼손도 있었지……. 그래, 오늘은 삼손에 대해 이야기를 들려 주마!"

"그는 나실인으로 태어났단다. 나실인이란 하나님을 위해 선택된, 특별한 사람을 말하는 거란다. 술을 마셔서도 안 되고, 시신을 만져서도 안 되고, 머리칼을 잘라서도 안 된단다."

그러나 삼손은 자신이 나실인이라는 것을 잊고 살았고, 또한 어떤 것에 대해서도 깊은 관심을 기울이지 않고 살았단다. 블레셋 사람들이 국경을 넘어와 파괴를 일삼았는데, 삼손이 곧 그들을 물리치곤 했지.

사람들이 삼손에 대해 흔하게 늘어놓는 이야기들! 그가 노끈을 풀고 빠져 나온 사건, 사자와의 싸움, 여우 삼백 마리의 꼬리를 함께 묶은 일, 성문을 뽑아 어깨에 메고 위험한 중에도 한가롭게 거닐던 사건 등을 화제로 삼곤 하지.

삼손은 또 나귀의 턱뼈를 휘둘러 천 명이나 되는 적을 죽이기도 했지. 블레셋 사람들은 그렇게 삼손에게 당하면서도 아무런 저항도 하지 못했단다. 속수무책이었지. 삼손은 이십 년 동안 그들과 싸웠단다. 그들의 모든 계획과 음모와 군사적인 행동은 실패했지. 모두 삼손 때문이었단다.

그러나 삼손도 약점을 가지고 있었다.

들릴라라는 여자가 있었는데, 그 땅에서 가장 아름다운 미모를 갖춘 여인이었다.

아니, 적어도 삼손은 그렇게 생각했다.

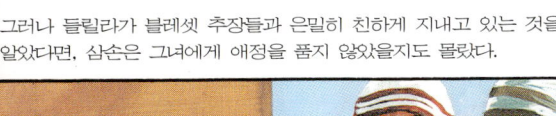

그러나 들릴라가 블레셋 추장들과 은밀히 친하게 지내고 있는 것을 알았다면, 삼손은 그녀에게 애정을 품지 않았을지도 몰랐다.

그들은 들릴라에게 많은 금화를 주면서 삼손의 힘의 비밀과, 어떻게 하면 붙잡을 수 있는가 하는 방법을 알아 내 주기를 요구했다. 들릴라는 그렇게 하기로 동의했다.

"왜 내게 당신의 비밀을 말해 주지 않는 거죠? 진실로 나를 사랑한다면서 말이죠."

"그건 비밀이 아니야. 나를 물에 젖은 새 밧줄로 묶어 보게. 그러면 새끼 고양이처럼 될 테니."

"당신은 나를 놀렸어요."

"미안해. 단 한 번도 사용하지 않은 밧줄로 나를 묶으면……."

"왜 당신은 계속 거짓말을 하죠?"

"아, 사실은 내 머리카락을 씨줄로 엮어 놓으면 돼. 어, 당신 어디로 가려는 거야?"

결국 삼손이 항복했다.

"비밀은 내 머리카락이야."

들릴라는 매우 집요했다. 결국 그녀는 뜻을 이뤘다. 그들은 그녀에게 많은 금화를 건네 주었다.

그의 힘은 하나님으로부터 온 것이었다.

그의 긴 머리카락은 신앙심의 표시였다. 만일 머리카락이 잘린다면, 하나님은 그의 힘을 제거할 것이 틀림없었다.

삼손이 끊임없이 보채는 그녀의 성화에 지쳐 잠이 들자, 들릴라는 그의 머리카락을 모조리 잘라 버렸다.

머리카락은 나실인으로서 삼손이 서약한 것들 가운데 남아 있는 전부였다. 그는 이미 다른 것들을 깨뜨렸고, 이제 여인에게 자기 머리카락을 자르도록 허락함으로써, 보통 사람들과 다를 바가 없게 되었다.

그는 보통 사람과 같은 존재가 되었다. 그래서 블레셋 사람들은 그를 쉽게 체포했다.

블레셋 사람들은 얼마나 삼손을 미워했는지, 그의 눈알을 뽑고, 그에게 황소처럼 일을 시켰다.

그는 일찍이 하나님에 의해 선택된, 이스라엘의 방어자였다. 그러나 이제는 가축보다 나을 게 없었다.

그런데 블레셋 사람들은 다곤이라 부르는 신을 섬기고 있었다. 그들은 다곤에게 올리는 큰 제사에 삼손을 끌어 내었다. 자기들이 당해 온 굴욕을 갚을 속셈이었다. 그 제사는 삼손을 잡도록 해 준 그들의 신에게 감사하는 큰 축제였다.

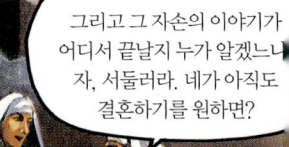

전염을 일으키는 질병에 걸린 욥과 함께 있으려 하는 사람은 아무도 없었다. 하지만 그에게는 신의를 지키는 세 명의 친구들이 있었다.

그들은 이레 동안 그와 함께 앉아서 한 마디 말도 없이 그의 슬픔을 함께 나누었다. 이런 사람이 바로 욥이었다. 참으로 훌륭한 사람이었다. 그런데 어떻게 이런 일이 일어날 수 있단 말인가?

욥, 나는 까닭 없이 벌을 받는 사람은 있을 수 없다고 생각해. 악을 행한 사람은 자기가 저지른 악 때문에 벌을 받게 돼. 그런 이의 삶은 고통으로 채워지지. 자네는 악한 일을 저질렀음에 틀림없어. 내가 충고하고 싶은 것은, 하나님께로 돌아가 그분의 응답을 기다리게.

자네는 내가 악한 일을 저질렀다고 생각해?

불의를 저지른 내가 정의롭다고 우기고 있다고 생각하느냐고? 나는 아무런 불의도 저지른 일이 없어. 이제 단지 내가 바라는 건 하나님께 내 속마음을 터놓고 내 주장을 말씀드리고 싶어.

욥은 아주 황폐해졌단다. 그는 돈도 없고, 가족도 없고, 오직 고통 속에서, 그의 짓무른 상처에 알을 슬어대기 시작하는 벌레들과 함께 살고 있을 뿐이었지.

오!

그리고 친구들은 그가 당하는 고통이 그의 잘못 때문이라고 말했지! 실제로 한 젊은이는 욥과 말씨름을 하면서 분노를 터뜨렸고, 목소리에 적의를 담기도 했단다.

내 생각에는 말이죠, 노인은 지혜를 갖춘 분이라고 여겨요. 그런데 당신은 자신이 죄가 없다고 주장해요. 그렇지만 하나님께선 당신에게 형벌을 내리셨어요. 하나님께서 잘못을 저지르실 수 있는 분이거나 불공평한 분이라고 생각할 수는 없는 거예요. 그런데도 당신은 어떻게 그런 생각을 할 수 있죠?

단지 내가 바라는 것은, 왜 이런 일이 생겼는지에 대해 하나님께서 내게 말씀해 주시는 것이네.

하나님께선 교만한 자들과, 위대하고 강력하고 고귀하신 하나님 앞에서 단지 감상에 젖어 자기 자신을 정당화하려는 사람에게는 기회를 주시지 않아요!

그래, 바로 그거였어.

그 젊은 사람에게 있어서, 하나님은 가까이 접근할 수 없는 그런 분이었고, 약한 자와 낮은 데 처해 있는 자들의 삶에 전혀 흥미를 갖지 않는 분이었지.

바로 이 때 하나님 자신이 나타나시기로 결심을 하셨단다!

욥! 무슨 질문이 그렇게 많으냐. 이제 너는 내가 묻는 말에나 대답해 보아라.

내가 세상을 만들 때 너는 어디에 있었느냐?

사무엘 이야기

여호수아가 이스라엘 백성을 약속의 땅으로 인도했을 때, 그는 실로라는 곳으로 계약의 궤를 보냈다. 그리하여 계약의 궤는 무려 이백 년 동안 그 곳에 머물렀다.

이스라엘에는 성전이 없어서 계약의 궤를 커다란 천막에 모셔 두었는데, 제사장들의 가족이 대를 이어 가며 책임을 지고 지켰다. 백성이 하나님을 경멸할 때조차도, 실로는 종교의 중심지로 남아 있었다.

결국 종교적인 축제들은 아무런 의미 없이 더욱 사회적인 사건이 되었다.

매년 백성은 하나님을 예배하고 제물을 드리기 위해 실로로 올라갔다. 바로 이 때, 그들 사이에 엘가나라는 사람이 브닌나와 한나라는 두 아내를 데리고 실로로 왔다.

이 이야기는 한나와 함께 시작된다. 엘가나의 다른 아내는 아이가 있었지만, 한나는 아이가 없었다.

"하하하!"

브닌나는 잔인했고, 한나를 무정하게 대했다.

"한나, 브닌나로 인해 마음이 동요되어서는 안 되오."

"저는 괜찮아요."

"그런데 왜 울고 있소? 그녀는 아주 시샘이 많소. 내가 자기보다 당신을 더 사랑한다는 것을 알고 있소. 그리고 내가 당신을 사랑하는 것은 진실이오. 그녀가 열 아들을 가졌다 한들 무슨 대수겠소, 나는……"

"한나? 내가 무슨 말을 했다고 그러는 거요?"

"당신은 항상 그런 말만 되풀이하죠, 그렇지 않나요? 저는 성전으로 갈 거예요. 나중에 말할게요."

"오, 주 하나님! 만일 당신이 저의 불행한 처지를 보시고 저에게 아들 하나를 주신다면, 저는 그 아들을 바쳐 당신만 섬기게 하겠어요!"

"무슨 일이냐? 또 술 주정이냐?! 당신 같은 사람들 때문에 내가 얼마나 많은 시간을 허비하는지 아느냐? 이 곳은 하나님이 계신 곳이야. 여기는 당신 같은 술꾼들이 잠자는 곳이 아니라고."

"제사장님, 저는 기도하고 있었어요."

"기도하고 있었다고? 그렇다면 날 용서하여라. 나는 여러 해 동안 술을 깨기 위해 이 곳에 오는 이들을 봐 왔거든. 기도하고 있었다고, 응? 이제 한 사건이……"

"그래, 하나님께서 너에게 복을 내려 주시기를! 이제 평안히 가거라. 하나님께서 네가 소원하는 것은 무엇이든 들어 주실 것이다!"

엘리 제사장의 말대로, 한나는 아주 커다란 기쁨을 느꼈다. 그녀는 하나님이 자신의 기도를 들으시고 응답하셨다는 것을 알았다.

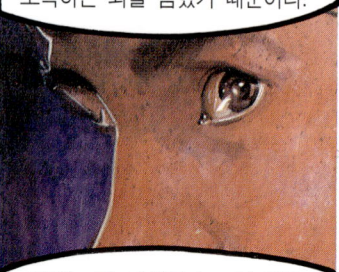

사울 이야기

그리하여 사무엘은 하나님께 기도했고, 하나님께서 왕으로 택해 주실 사람을 기다렸다.

그런데 베냐민 지파에 속한 기스라는 사람이 있었는데, 그는 암나귀 몇 마리를 잃어버렸다. 그러자 그는 자기 아들과 종들로 하여금 찾아 나서게 했다.

그들은 매우 오랜 시간 동안 암나귀들을 찾아 헤매었으나 찾을 수가 없자 걱정하기 시작했다.

젊은이의 이름은 사울이었다. 그는 사무엘이 천막을 치고 있는 곳에 이르기까지, 자기를 기다리고 있는 운명에 대해서는 알지 못했다!

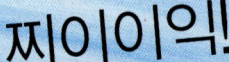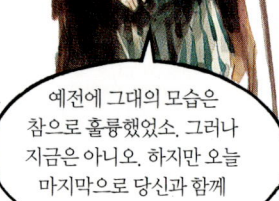

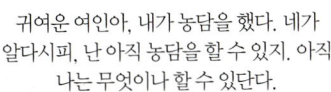

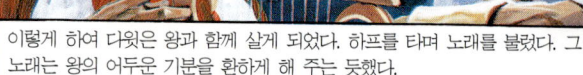

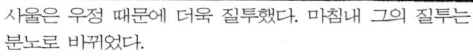

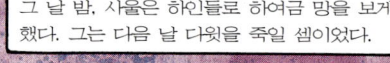

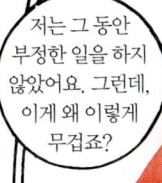

아말렉군이 역습을 했다. 시글락은 잿더미가 되어 있었다.

아내들도.

자식들도.

다윗 일행이 가진 모든 것을 그들은 약탈해 갔다.

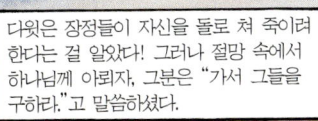

다윗은 장정들이 자신을 돌로 쳐 죽이려 한다는 걸 알았다! 그러나 절망 속에서 하나님께 아뢰자, 그분은 "가서 그들을 구하라."고 말씀하셨다.

다윗 일행은 평원에서 아말렉군을 발견했는데, 그들은 포도주를 퍼마시고 잔뜩 취해 있었다. 다윗 일행은 비록 지쳐 있었지만, 그들을 철저히 짓밟았다.

우리는 아내들, 자식들, 그리고 전리품을 챙겨 안전하게 돌아왔지. 나와 사백 명의 남자들이.

폐하께서는 전에 육백 명이라고 말씀하셨어요. 나머지 사람들은 어디로 갔죠?

전투에 참가하기엔 너무 지쳐 뒤에 처져 있었단다. 그러나 그들이 그 날 전투에 참가했든 하지 않았든 소유한 모든 것을 함께 나누었지!

그 날 전투에서는 우리가 이긴 것이 아니었다. 하나님께서 친히 우리를 위해 싸우신 것이지. 우리는 매우 지쳐 있었어……. 매우 지쳐…….

쉬, 폐하께서 주무시게 두자.

오, 이럴 수가!

날 죽여 다오.

날 죽여라, 이 녀석아! 명령이다. 난 왕이란 말이다! 날 죽여, 어서!

안 됩니다!

내 주여?

아무것도 아니야. 꿈이었어. 한 늙은이의 기억들, 그게 전부야. 사울과 그의 부하들은 블레셋 군을 공격했지. 요나단과 형제들은 죽고, 사울은 부상을 입었지.

포로로 잡혀 굴욕을 당하기보다는, 그는 결국 자결을 택했지…….

하나님으로부터 선택받은 그는 진창에 누워 죽음을 구걸했지. 나는 그들을 생각하면 슬퍼. 지금까지도.

왕이 되었을 때 내 나이는 삼십 세였지. 나는 서로 대립하던 지파들을 하나로 만들고, 우리는 함께, 훗날 내 이름을 갖게 될 도성을 공격했지.

다윗의 성—

예루살렘을 지배하고 있던 여부스 사람들은 그들의 성이 매우 견고하다고 생각하고 있었다.

그들은 소리쳤다. "소경이나 절름발이도 이 성을 지킬 수 있다."

아야! 내 머리! 우리가 최후의 순간처럼 이 성벽을 넘어 돌진할 수 없을까?

조용히 하고 계속 기어가!

이것이 정확히 다윗 일행이 도성을 정복했던 방법이었다. 도성 밑의 캄캄한 터널 속을 손과 무릎으로 기어올라간 다윗 일행은 갑자기 뛰어나가 그들을 놀라게 만들었다!

몹시 힘든 전투였습니까?

쉬운 전투는 없단다. 서로 싸우고, 서로 죽였지. 만일 하나님의 뜻이라면, 우리는 이겼다. 만일 그렇지 않다면……. 그래, 아무튼 이 전투는 하나님의 뜻이었어.

다윗은 도시를 정복했다.

다윗은 그 도시로 계약 궤를 옮겼다. 모든 이스라엘 백성이 환영하여, 노래하고 춤을 추고, 함성을 질렀다!

그것은 놀라움이었다! 예루살렘은 그들의 고향, 그들의 하나님이 계실 성전을 짓게 될 장소가 되었다.

나는 겉옷을 벗어 던지고 백성 앞에서 춤을 추었단다. 나는 백성과 함께 있었고, 백성과 하나가 되었지. 우리는 너무 행복하여 하나님 앞에서 뜀뛰며 춤을 추었지. 그분은 우리와 함께 살아 계셨어! 나무나 돌의 하나님이 아니라 우리와 함께 살아 계셨어!

물론 아내는 춤을 추지 않았어. 그리고 경중경중 뛰고 소리지르는 나를 품위 없다고 말했지. 임금의 체통이 서지 않는 일이라고! 흥! 나는 그녀를 위해 춤을 춘 게 아니었다고!

그 때 하나님께서, 내 자식 가운데 하나가 영원히 지속될 왕국을 건설하리라고 나에게 말씀하셨지. 죄를 지으면 채찍을 맞겠지만, 하나님은 그의 아버지가 되고, 그는 하나님의 아들이 될 것이라고, 그리고 그의 왕국은 영원히 흔들리지 않으리라고 하셨지……

난 모든 것을 얻었어. 후계자에서부터 왕좌에 앉기까지 내가 저지른 죄에도 불구하고. 오, 그리고 나는 내가 다른 사람들에게 행한 악을 기억하고 있단다. 내 어머니가 나를 잉태한 때부터, 아니 태어나기 전부터 나는 죄가 많은 사람이었지.

압살롬은 나름의 계획을 가지고 있었다.

그는 스스로 백성의 판관으로 행세했는데, 아첨 섞인 조언을 하고, 자기에게 도움을 받은 백성의 호의를 얻어 내고, 자기에게 은혜를 입은 백성이 그것을 항상 기억하도록 만들었다.

그것은 그가 그들에게 에누리하지 않고 되돌려 주어야 할 빚이었다.

그는 하나님께 예배하겠다고 나에게 허락을 구했지. 물론 승낙했어. 그러나 내 눈을 벗어나자마자 곧 그는 나팔을 불어 나라 전역으로부터 사람들을 모았어.

헤브론에서 압살롬은 스스로 자신이 임금이라고 선언했지.

그는 다윗이 군대를 모을 때까지 피신하지 않을 수 없게 만들었다. 다윗은 군대를 세 부대로 나누어 그와 맞섰다.

요압이 한 부대를 맡고, 요압의 동생인 아비새가 또 한 부대를, 그리고 믿음직스럽게 곁에 남은 외국인인 잇대가 또 다른 부대를 맡았다. 다윗은 전 지휘관에게 압살롬을 너무 심하게 다루지 말도록 당부를 했다. 어떤 전투든 힘들지 않은 전투가 없지만, 그 날의 전투는 가장 힘겨운 전투였다.

전투는 에브라임 숲에서 벌어졌다.

숲 한가운데서 칼과 칼로 맞서는 싸움은 숨막힐 듯 답답했고 잔인했다.

요압은 분노의 표적을 향하여 무섭게 칼을 휘두르면서 시종 상대를 밀어붙였다.

압살롬.

나는 이제 왕이다! 나에 대해 들었지? 너희는 나의 명령을 따라야 한다!

다윗 임금님의 이름으로 말하는데, 항복하라. 그렇지 않으면 죽음을 면치 못하리라.

바보 같은 소리! 아버지는 결코 나를 해치지 않을 것이다!

싸움에서 패배하자 압살롬은 다시 군대를 모아 훗날 반격할 희망을 간직한 채 부하들과 함께 도망을 쳤다.

요압의 군사들에게 쫓겨 그는 울창한 숲 속으로 도망을 쳤다.

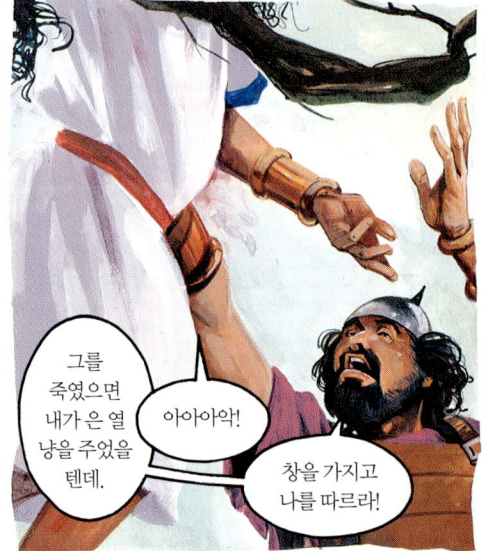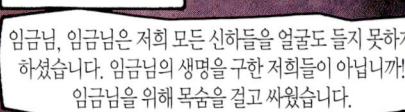

그러나 다윗은 여전히 왕이었다. 백성에 대한 의무가 있었다. 또 다른 전투와 실패와 승리가 기다리고 있었다.

하나님께선 다윗이 아버지의 양 떼를 돌보기 위해 들에 있을 때부터 함께 하셨고, 그를 이스라엘 백성의 통치자로 세우셨다.

그러고도 하나님께서 그것이 충분치 않은 것처럼 다윗의 왕통이 영원히 지속될 것이라고 말씀하셨다.

분명히 말하지만, 나는 이러한 영광을 누릴 만한 자격이 없는 사람이란다. 공의로 다스리는 왕은 폭풍우 뒤에 번쩍이는 번개와도 같다. 그리고 이것은 하나님께서 나의 후손들을 축복하시는 방법이란다. 하나님은 나와 영원한 약속을 하셨기 때문이다.

다윗은 곧 모든 사람이 가는 길로 갈 것이며, 솔로몬이 왕위를 계승할 것이었다.

하나님은 나의 목자, 아쉬울 것 없어라. 푸른 풀밭에 누워 놀게 하시고 물가로 이끌어 쉬게 하시니 지쳤던 이 몸에 생기가 넘친다. 인도하시는 길, 언제나 곧은 길이오.

나 비록 음산한 죽음의 골짜기를 지날지라도 내 곁에 주님이 계시오니 무서울 것 없어라. 막대기와 지팡이로 인도하시니 걱정할 것 없어라.

한평생 은총과 복에 겨워 사는 이 몸, 주님의 집에 거하리로다……. 영원히.

솔로몬 이야기

솔로몬은 다윗과 우리아의 아내였던 밧세바의 아들이다. 비록 다윗의 아들 가운데서 가장 나이가 어렸지만, 다윗은 그를 자기의 후계자로 선택했다.

그 당시 이스라엘에는 성전이 없었다. 계약 궤는 수백 년 동안 그랬던 것처럼 아직도 성막 속에 모셔져 있었다.

어느 날 밤, 솔로몬이 희생 제물을 올리는 곳 가까이에서 자고 있을 때, 꿈 속에 하나님께서 나타나 말씀하셨다.

"솔로몬아, 네가 원하는 것이 있으면 무엇이든 구하라. 그러면 내가 너에게 주리라."

"주님께서는 제 아버지 다윗에게 온갖 사랑을 베풀어 주셨고, 저를 그의 상속자가 되게 하셨습니다. 그러나 저는 이 나라를 어떻게 다스려야 할지 알지 못합니다. 저와 저를 지켜 보고 있는 온 백성은 어린이에 불과합니다. 저에게 주님의 백성을 잘 판단할 수 있는 총명함을 주시고, 정의와 공평으로 다스릴 수 있는 지혜를 주옵소서."

"그래, 나는 너를 세상에서 가장 지혜로운 사람이 되게 할 것이다! 나는 또한 네가 요구하지 않은 것도 줄 터인데, 부와 힘도 주겠다. 만일 네가 나에게 복종하면, 장수할 수 있도록 해 줄 것이다."

"너는 나에게 힘과 부와 장수를 구할 수도 있었다. 그러나 너는 오히려 지혜를 얻기를 구했다."

솔로몬은 잠에서 깨어나, 그것이 꿈이라는 것을 깨달았다.

그리고 나서 솔로몬은 왕이 되었다. 그는 이스라엘의 모든 왕들 가운데서 가장 지혜롭고 가장 부유하고 가장 위엄이 있는 왕이었다. 이스라엘 역사에서 아주 드문 평화와 번영의 때였다.

이 때야말로 황금기였다.

솔로몬은 곧 이웃 나라들, 이스라엘에 놀라운 번영을 가져다 준 아버지의 오랜 동맹국들과의 무역을 정착시켰다.

임금님, 두로 왕 히람이 임금님께 하늘의 복이 함께 하시길 기원하며 선물을 보냈습니다.

아버지는 사방의 적들과 전쟁을 치르느라 성전을 지을 수가 없었다오. 그러나 하나님께서는 이제 우리에게 평화를 주셨소. 이 평화를 하나님의 영광을 위해 사용하도록 합시다!

이스라엘 백성이 애굽으로부터 나온 뒤 사백팔십 년 만에 위대한 성전 건축이 시작되었다.

성전을 지을 땅은 다윗의 통치 기간에 따로 마련해 둔 것으로, 예루살렘의 산들 중 하나였다. 그 곳은 아브라함이 오래 전에 하나님을 만난 같은 장소였다.

레바논의 거대한 숲에 있는 가장 단단한 나무들이 재목으로 사용되기 위해 베어졌고, 바다와 육지를 통해 예루살렘으로 운반되었다.

인부들은 거의 침묵 속에서 일했다. 돌은 채석장에서 다듬어졌고, 목재도 숲에서 만들어졌다. 조용한 경외심이 무겁게 퍼져 있었다.

그것은 마치 그 땅이 처음부터 성스러웠던 것과 같았다.

그 건축은 제사장들이나 왕들을 위한 것이 아니라 하나님을 위한 집이었다.

그리고 나서 계약 궤는 그것이 만들어진 지 거의 오백 년 만에 성전으로 옮겨졌다.

……그리고 드디어 받침대 위에 놓여졌다.

모세가 받았던 돌판을 간직한 계약 궤는 제사장들에 의해 성전으로 운반되었다.

솔로몬은 확실히 부유했고 지혜로웠다. 그러나 완전하지는 않았다. 그는 자기가 버는 것보다 더 많이 소비함으로써 그 부채를 갚기 위해 백성에게 무거운 세금을 부과했다.

"임금님, 이것이 우리가 갚아야 할 부채입니다."

"알았네, 우리는 더 높은 세금을 부과해야 해. 그러나 건물을 짓는 일은 계속한다."

솔로몬이 궁전을 짓기 위한 인력이 필요하자, 백성을 강제로 동원하여 일을 시키고 임금도 전혀 지불하지 않았다. 솔로몬이 백성을 학대한 까닭에 하나님께서는 못마땅하게 여기셨다.

그리고 그의 곁에는 많은 여자들이 있었다. 부자들이 많은 아내를 거느리는 것은 있을 수 있는 일이었으며, 솔로몬은 거부였다. 솔로몬이 얻은 아내의 대다수는 정략적인 결합이었다.

그 여인들은 여러 다른 문화권에서 왔는데, 자신들의 관습과 종교 의식을 가지고 들어왔다.

솔로몬은 아내들에게 참 하나님을 따르도록 가르치는 대신 아내들이 가져온 우상들을 모실 신전을 지어 주었다.

이렇게 솔로몬은 하나님과의 관계를 흐려 가기 시작했다. 그것은 마치 그 경건했던 정신이 그 땅으로부터 다 빠져 나가 버린 것 같았다.

황금기는 이제 종말에 가까워지고 있었다

솔로몬의 통치 기간중, 그는 하나님 아래 하나의 나라로 열두 지파를 다스렸다.

그러나 이스라엘의 단일성은 훼손되기 시작했다.

그것은 다윗 성을 보수하던 부역 책임자 여로보암이란 사람으로 인해 시작되었다.

엘리야 이야기

여로보암은 오래 기다리지 않아 왕이 되었다. 솔로몬은 죽고 피비린내 나는 내란이 뒤따랐다. 나라는 예언자가 말했던 대로 둘로 쪼개어졌다.

솔로몬의 아들 르호보암은 남쪽에 있는 두 지파를 차지했는데, 유다 왕국을 이루었다. 여로보암은 북쪽의 열 지파로 이루어진 이스라엘의 왕이 되었다.

악한 왕들의 통치가 계속됨에 따라, 두 왕국은 쇠락하기 시작했다.

가장 나쁜 자는 아합 왕과 그의 아내인 이세벨이었다.

하나님께서 모든 예언자들 가운데 가장 뛰어난 사람을 보낸 것은 그들 때문이었다.

엘리야라구? 왜 당신은 죽지 않았지?

저는 하나님께서 전하시는 메시지를 가지고 왔습니다. 제가 다시 입을 열기 전에는 이 땅에 비 한 방울 내리지 않을 것입니다. 임금님께서 악을 버리고 하나님께로 돌아오지 않는 한 온 나라가 목이 말라 죽을 것입니다.

매혹적이군.

저도 기뻐요.

저놈을 산 채로 가죽을 벗길까?

저는 가죽에 구멍을 내겠어요. 아니면 그를 사자에게 먹이로 줄까요?

당신들의 위협이 나를 놀라게 하진 못하오. 당신들이 가고 싶은 길을 가시오. 당신의 삶은 이제 위험 속에 던져졌소.

바알은 풍작의 신, 비를 내리는 신이었다. 그러나 바알은 인간의 손으로 만들어진 우상이었다.

엘리야는 자기가 섬기는 하나님을 살아 계신 분으로, 지배력을 가진 분으로 알고 있었다. 하나님께서 말씀하실 때, 온 세상이 복종했다.

그런데 왕이 하나님의 말씀 듣기를 거절했기 때문에, 무서운 가뭄이 그 땅에 들기 시작했다.

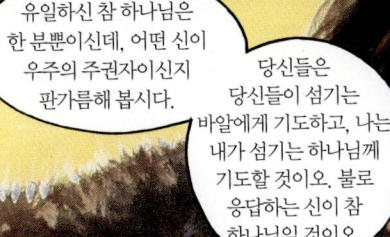

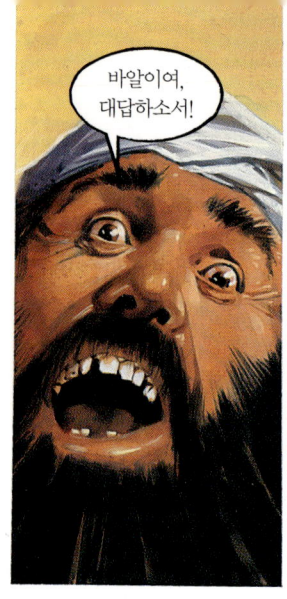

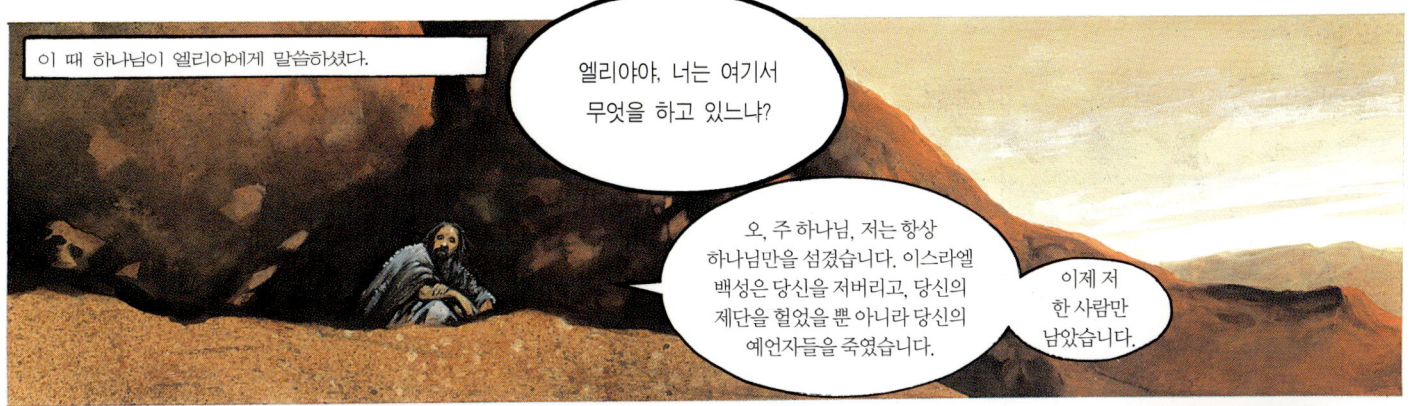

엘리야 스승님, 대체 무슨 일인가요?

조심하세요!

저를 버리고 가지 마세요!

엘리야는 자기 생명 전체를 바쳐 섬긴 하나님과 함께 머무르기 위해 떠났다.

엘리사는 눈앞에 벌어지는 놀라운 일을 의심의 눈초리로 지켜 보았다.

눈물이 가득한 눈으로 엘리사는 자기 스승의 겉옷이 하늘에서 떨어지는 것을 보았다.

겉옷이 떨어지자, 엘리사는 마지막으로 외쳤다.

이스라엘의 위대한 예언자! 저를 버리지 마세요!

그러나 엘리사는 겉옷을 집어 들었을 때, 자기에게 큰 사랑을 베풀어 준 스승을 다시는 볼 수 없다는 것을 깨달았다.

또한 자기에게 주어진 일을 곧 시작해야 한다는 사실도 알았다.

"제가 어떻게 스승님께서 하신 일을 감당할 수 있겠습니까? 하지만 저에게는 스승님이 주고 가신 이것보다 더 훌륭한 준비는 없다고 생각합니다."

"그래, 이것이 내가 찾아 나갈 하나의 길이야."

엘리사가 하나님께서 함께 하신다는 것을 깨달은 것은 이 때였다.

엘리사는 스승이 주고 간 겉옷으로 물 위를 쳤다. 그러자 강물이 엘리사를 위해 갈라지듯이 좌우로 갈라졌다.

엘리사는 왕들과 귀족들이 있는 궁전에서 하나님의 말씀을 전했다. 그는 광범한 백성들과 함께 살면서 하나님의 말씀을 전했다.

어떤 대가도 거절한 채 엘리사는 아람 왕의 군사령관인 나아만의 문둥병을 고쳤다.

나아만이 엘리사의 말에 복종하고 요단 강에 들어가 목욕을 했을 때, 그는 예언자가 말한 것이 진실이라는 것을 깨달았다.

하나님의 능력이 엘리사에게 충만했기 때문에 어린 소년을 죽음으로부터 살려 낼 수도 있었다.

"이스라엘 외에는 어디에도 하나님이 없구나."

아람 군대가 이스라엘을 공격했을 때, 침략자들의 눈이 멀어 싸울 수 없게 해 달라고 기도한 것은 엘리사였다.

아람 군대를 이스라엘로 인도한 것도 엘리사였고, 그들을 살려 보낸 것도 엘리사였다.

"두려워하지 마시오. 내일은 풍부한 식량을 얻게 될 것이오. 하나님께서 나에게 말씀하셨소."

이스라엘의 수도인 사마리아 성이 포위되고, 백성들이 깊은 절망에 빠져 자기 아이들을 잡아먹는 지경이 되었을 때, 엘리사는 분노한 왕 앞에서 위험을 무릅쓰고 그들이 당한 불행의 저 너머를 볼 수 있게 해 주었다.

그러나 이스라엘 백성이 자신들의 고통이 끝난 것이라고 생각하였다면, 그것은 큰 오해였다.

그들이 하나님에게서 얼굴을 돌리면 돌릴수록 문제들은 점점 더 커져만 갔다.

거룩한 성 예루살렘에는 거대한 어둠이 덮이고 있었다.

남왕국보다 더 강대했던 이스라엘을 정복한 앗수르 사람들이 유다를 정복하는 일은 시간 문제였다.

사마리아와 이스라엘 왕국이 멸망한 지 팔 년 만에 예루살렘에 대한 공격이 시작되었다.

앗수르 사람들아, 내 말을 들으라! 우리에겐 당신들과 전쟁을 할 만한 아무런 이유가 없다!

우리는 너희들의 요구를 기꺼이 들어 주었다. 그러니 우리에게 아람 말로 말하라! 만일 너희들이 계속 유다 말로 말한다면 우리 군대는 우리 말을 들을 것이다!

저 자들이 왜 말을 안 듣는 거야? 우리가 며칠만 물길을 막아도 저희들이 싼 오줌이나 마실 놈들이!

우리 군대 앞에서는 신도 소용없다! 만일 너희가 항복한다면 자비를 베풀어 줄 것이다!

우리는 너희들 주변의 모든 민족들을 정복하였다. 그런데 신들은 그들을 구해 주지 못했다. 만일 너희의 왕이, 너희가 믿는 신이 너희들을 구해 줄 것이라고 말한다면, 그건 거짓말이다!

유다의 왕 히스기야는 전무후무하게 하나님을 철저히 믿는 사람이었다. 앗수르가 항복을 요구했을 때, 그는 성전으로 올라가 하나님 앞에 소원을 비는 편지를 써 놓고 기도하였다.

그리고 곧 응답이 왔다. 예언자 이사야가 보낸 한 사자가 히스기야에게 하나님의 대답을 가지고 왔던 것이다.

바로 그 날 밤, 앗수르 군대 막사에서는 무서운 일이 벌어졌다.

이스라엘의 주 하나님, 이 땅의 모든 나라의 하나님은 오직 당신뿐이십니다. 당신께서 이 땅을 만드셨기 때문입니다.

하나님께서 이사야에게 말씀하셨습니다. 그 왕은 예루살렘으로 들어오지도 않을 것이고, 화살 하나도 쏘지 않을 것이라고 말입니다. 하나님께서는 그의 종 다윗 때문에 우리를 보호해 주실 것입니다.

전하, 우리 하나님께서 우리를 위해 싸우실 것입니다.

앗수르 사람들은 주변의 모든 민족을 정복하고 그들의 신을 모두 불살랐습니다. 그러나 그 신들은 진정한 신이 아니라 나무와 돌로 만든 우상들일 뿐이었습니다.

나의 하나님이여, 우리를 구해 주소서! 이 땅의 모든 나라들이 당신만이 오로지 참 하나님이라는 것을 알 수 있도록 우리를 구해 주소서!

앗수르 사람들은 칼과 방패로 무장하면 전쟁에서 당연히 이길 줄로 생각하고 있었다. 그러나 그 생각은 잘못된 것이었다.

그 날 밤, 죽음의 천사가 앗수르 군대를 휩쓸고 지나갔다.

겁에 질린 앗수르 왕은 예루살렘 공격을 포기하고 앗수르의 수도 니느웨로 돌아갔어. 그는 거기서 머물다가 자신의 아들들에게 살해당하고 말았지.

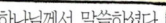

이제 재앙은 피할 수 없을 것 같았어. 경고에 경고가 이어지고, 예언자들이 꼬리를 물고 나타나 이야기해도 어리석은 자들은 진실 앞에서 귀를 막고 눈을 감았지.

그런데 자, 우리 꼴을 좀 보아라! 보따리를 들고 적을 피해 도망치는 꼴이라니. 나도 그런 꼴이기는 마찬가지구나!

어리석은 자들! 오만한 바보들! 그들은 쇠붙이와 나무 토막을 향해 절을 하였고, 별이든, 식물이든, 송아지든 가리지 않고 눈에 보이는 것이면 무엇이든 그 앞에 엎드려 절을 하고 기도하였다. 그리하여 그들의 예배는 해가 가고 달이 갈수록 더러워지기만 하였다.

우리 민족은 어리석은 자들이 허망하게 꿈꾸었듯이 군인들로 세워지는 나라가 아니라 거룩한 민족이 되어야 했던 거야! 오로지 하나님만이 우리의 보호자가 되시는 그런 민족!

이제 때가 차서 모든 것이 우리를 에워싸고 있구나. 피할 길도 없구나.

예루살렘이 망해 가고 있으니……

나에게 유일한 희망이 있다면 모든 게 끝장나 버렸을 때 그래도 살아 남은 사람들이 이 글을 읽어 주는 것뿐.

세상은 변하겠지만 사람들은 살게 될 테니, 혹시 우리 아들들의 아들들의 아들들이 우리의 재앙을 보고 교훈을 얻을지도 모르는 일. 우리를 진정으로 안전하게 지켜 주실 분은 오직 하나님뿐이라는 것을.

예레미야는 어린 나이에 하나님의 말씀을 받았다.

그들은 예언자들의 말에 귀를 기울여야 했어. 예레미야의 말을 따라야 했지. 그분의 말씀이 마지막 경고였으니까. 그 때만 해도 재앙을 피할 수 있는 시간은 충분했지!

예레미야야, 가서 사람들에게 나를 대신해서 말을 전하거라! 내가 말하는 모든 것을 그들에게 이야기해 주거라!

하지만 내 말을 듣지 않을 거예요. 그들은 나이도 많고 또 나보다 더 똑똑한걸요. 사람들이 웃을 거예요!

그러면 내가 너에게 전할 말을 일러 주마. 내가 너에게 보여 주는 것을 보고 가서 전하거라.

이건? 이건 그냥 국솥이잖아요?

잘 보거라. 국솥에서 국이 쏟아지듯 예루살렘에 재앙이 임할 것이다. 북쪽으로부터 군대가 올 것인데, 너희들은 그 앞에서 꼼짝도 할 수 없을 것이다!

내 말을 들으시오! 여러분의 생명이 위태롭소! 여러분은 하나님 대신 바위와 식물들을 섬겼소. 그래서 하나님이 우리에게서 보호의 손길을 거두어 가려 하고 계시오!

그래? 그 때 가서 필요하면 다른 신들을 믿으면 될 거 아냐?

그 때는 너무 늦습니다! 그 때가 되면 신들을 바꾸어도 소용이 없습니다. 표범이 가죽을 바꾸어 쓸 수 있습니까? 만일 여러분이 목숨을 귀중하게 생각한다면 지금 당장 무릎을 꿇고 회개하세요!!

다니엘 이야기

바벨론의 왕 느부갓네살은 수많은 이스라엘 사람들—이들은 또한 유다인들이라고도 알려져 있었다—을 쇠사슬로 묶어 자신의 궁전으로 끌고 갔다.

그는 세상에서 가장 큰 나라의 왕이었기에 아무도 그의 말을 거역할 수 없었다.

그는 예루살렘 성전을 약탈하고 전리품으로 금과 은을 빼앗아 갔다.

바벨론에 살고 있는 포로들 가운데 하나냐, 미사엘, 아사랴, 그리고 다니엘이라는 네 젊은이들이 있었다. 왕은 그들을 일꾼으로 삼으려고 특별히 교육을 시키고 있었다. 그 네 명의 이스라엘 젊은이들은 궁전 일꾼의 특권을 누리기를 거절하고 참 하나님의 율법을 지키고 있었다.

"다니엘, 너는 가장 총명한 청년이야. 너는 내 꿈을 이 나라의 그 어떤 지혜로운 사람들보다도 더 속 시원히 해석해 주었다. 너를 나의 자문관들 가운데 우두머리로 삼겠다. 너의 신은 참으로 대단하구나."

"저는 오로지 저의 하나님께서 말씀하시는 것을 폐하께 말씀드린 것뿐입니다."

그러나 느부갓네살은 곧 다니엘의 하나님에 대해서는 잊어버리고 황금으로 거대한 신상을 만들었다. 그는 온 나라의 관리들을 불러들여 그 신상의 봉헌식에 참여하도록 명령하였다.

"너희는 왜 무릎을 꿇지 않느냐? 내가 명령을 내리지 않았느냐?"

"폐하, 우리는 이스라엘 사람들입니다. 우리는 신상에 절하는 것이 금지되어 있습니다. 우리는 참되신 하나님 한 분 이외에 다른 신은 섬길 수 없습니다."

"그럼 그 신이 너희를 구해 주겠구나. 어디 한번 보자! 경비병! 이 반역자들을 잡아다가 불가마에 처넣어! 산 채로 태워 버려!"

온 나라에 있는 재판관들, 법률가들, 총독들, 행정관들이 모두 신상 앞에 모여 절을 올렸다. 이스라엘 사람들만 빼고 모든 사람들이 다 절을 울렸던 것이다.

다니엘의 세 친구들은 꽁꽁 묶여 산 채로 불가마에 던져졌다. 불가마가 얼마나 뜨겁던지 그들을 집어넣던 경비병들도 몸에 화상을 입을 정도였다.

어디, 너희들을 구해 줄 신이 있나 보자!

너희들에게 경고했지? 그런데 말을 듣지 않았으니 할 수 없지!

……이게 어떻게 된 거지? 왜 네 사람이야?!

폐하, 맹세코 우리가 집어넣은 사람은 세 사람뿐입니다!

네 번째 사람은 다른데……. 천사 같아!

너희 백성들의 하나님을 찬양하도록 하라! 너희는 너희 하나님 이외에 다른 신에게 절하기를 거절하려고 목숨을 걸었구나! 이걸 좀 봐! 밧줄은 죄다 타 버렸는데 너희는 아무런 해가 없다니! 너희의 신이 너희를 구해 준 거로구나!

오늘 이후로 너희 하나님을 욕하는 자는 누구라도 살려 두지 않을 것이다. 나 왕의 명령이다!

그분만이 진짜 신이다!

느부갓네살 왕은 이스라엘의 하나님을 믿고 죽었다. 그러나 그의 아들 벨사살은 이스라엘의 하나님에 관하여 관심도 없었다.

어느 날 밤 벨사살 왕은 바벨론에 있는 귀족들과 영주들을 위해 큰 잔치를 베풀었다.

그들은 한때 예루살렘 성전에서 사용되던 황금 잔으로 술을 마셨다. 예루살렘. 이제는 대륙의 한쪽 구석에서 폐허가 되어 잊혀져 버린 죽음의 도시가 아니던가!

"그가 가지고 있는 유일한 약점은 그의 종교야! 그걸 이용하면 덫을 놓을 수 있어."
"왕한테 명령을 내리라고 귀띔을 해야겠어. 한 달 동안 아무도 신을 부르지 못하도록 말이야! 그렇게 되면 저들이 왕을 찾아가서 애원을 하겠지!"

그 명령은 내려졌고, 그 소식을 듣자마자 다니엘은 자신의 방으로 가서 창문을 활짝 열어 놓고 그 앞에 서서…….
기도를 올렸다.
큰 소리로.

반응은 즉각 나타났다. 왕이 명령을 내린 이상 아무도 거역할 수 없었다. 다니엘은 사자 굴에 던져질 신세였다.

"다니엘! 네가 무슨 생각으로 그랬느냐? 그저 깜박 잊었다고 이야기해라."
"폐하, 저는 항상 그랬듯이 하나님께 기도를 올렸습니다. 의도적으로 그런 것입니다."
"그러면 너의 신이 너에게 자비를 보이실 거다."

그래서 다니엘은 사자 굴에 던져졌고, 무거운 돌뚜껑이 덮이고야 말았다.

그 날 밤, 왕은 잠을 이룰 수가 없었다. 그는 부하들을 멀리 물리쳤다. 그들은 음식을 먹고 즐겼다.
다니엘의 지혜와 용기가 없다면 나라를 다스리는 일은 한결 더 어려워질 터였다.

왕은 사자 굴로 달려가 경비병들에게 명령했다.
"돌을 치우고 뚜껑을 열어라! 내가 직접 다니엘을 보아야겠다!"

"다니엘! 네가 섬기는 신이 너를 구해 줄 수 있느냐?"

에스더 이야기

포로로 잡혀 있는 동안 유다인들은 오로지 언젠가는 고국으로 돌아가리라는 실낱같은 희망에 매달려 살아가고 있었다.

바사 땅에서 이스라엘 포로들은 무서운 위기에 처해 있었으나, 한 여인의 용기가 그 민족을 멸망에서 구했다.

에스더는 바사 왕국 전체에서 가장 아름다운 여인이었다. 유다인 포로였던 그 여인은 아하수에로 왕에게 바사의 왕비로 뽑혔다.

에스더에게는 모르드개라는 사촌 오라비가 있었는데, 그는 왕의 대신인 하만이라는 사람과 다툰 일이 있었다.

"모르드개, 넌 왜 내 앞에서 무릎을 꿇지 않는 거냐? 나의 신들이 나를 왕의 대신으로 만들어 주었는데 왜 너는 감사를 올리지 않는 거냐?"

"하만 나리, 저는 유다인이오. 우리 민족은 하나님 앞에서만 무릎을 꿇습니다."

"그렇다면 네 어리석음을 곧 후회하게 만들어 주지! 이 모욕은 꼭 갚아 주겠어!"

"그렇다 해도 내가 한 말을 거둘 수는 없습니다."

"폐하, 몇몇 외국인들이 지엄하신 폐하의 뜻을 거스르고 있습니다."

"그래? 어찌하면 좋겠소?"

"그런 자들은 완전히 쓸어 버리셔야 합니다. 그런 말썽꾼들은 남녀노소를 막론하고 완전히 뿌리 뽑아야 합니다."

왕은 에스더가 유다인이라는 걸 모르고 있었다. 그는 그녀의 민족 모두를 한 달 후에 죽여 버리라는 명령을 내렸다.

"에스더, 바사에 있는 모든 사람들 가운데서 오로지 너만이 우리를 구할 수 있어!"

"하지만 전 왕 앞에 갈 수도 없어요. 왕이 부르지도 않는데 왕 앞에 나가면 죽을 수도 있어요."

"하지만 잘 생각해 봐! 우리가 다 죽고 나면 하나님의 계획도 수포로 돌아가는 거야! 아마도 네가 유다인이면서 왕비가 된 건 이 일을 위해서인지도 몰라!"

그리하여 에스더는 목숨을 걸고 왕 앞으로 나아갔다. 그녀는 잔치를 열고 왕을 초대하고 그 자리에 하만도 불렀다.

그런 행동은 너무나 당돌한 것이라서 왕이 나쁘게 생각하면 당장이라도 죽음을 당할 수도 있는 일이었다. 그러나 그녀는 아름다웠기에 왕은 그녀의 청을 거절하지 않았다.

그 날 밤 잔치에서 에스더는 다음 날 다시 또 잔치를 열겠다고 말하고 거기에 모인 사람들을 초대하였다. 에스더는 그 때 가서야 자신의 부탁을 말할 참이었다.

하만은 자신이 높임을 받고 있다고 생각하고 우쭐하였다.

"하만 나리, 즐거우셨습니까?"

"개 같은 유다인! 네놈의 더러운 얼굴을 보니 좋았던 기분이 싹 가신다! 제발 네놈의 얼굴을 안 봤으면 좋겠어!"

포로들이 맨 처음 고국으로 돌아오기 시작한 지 육십 년이 지났을 때, 또 하나의 무리가 예루살렘을 향해 길고 험한 여행길에 올랐다. 그 무리를 이끌고 있는 사람이 바로 에스라였다.

하나님의 은총으로 왕과 조정의 총애를 입었는데, 하나님께서 나에게 힘을 주셔서……. 이제 집으로 돌아갈 수 있게 되었구나.

그러나 예루살렘에 막상 도착해 보니 성전이 개축되었다고는 하나 너무나도 보잘것이 없었다.

내 귀를 믿을 수가 없어. 사람들이 어떻게 그렇게 쉽게 잊어버릴 수 있나? 우리는 하나님의 율법을 따라야 하고, 그렇게 하자면 다른 민족들과는 결혼을 하면 안 되는 거야.

우리의 문제가 그래서 생기지 않았던가?

슬픔과 절망에 빠진 에스라는 옷을 찢고 머리털을 쥐어뜯었다.

이스라엘의 하나님, 당신은 의로우시지만 우리를 살려 주셨습니다. 우리의 죄를 고백합니다. 우리는 당신 앞에 나설 자격도 없는 죄인들입니다.

에스라가 눈물을 흘리며 기도를 드리자, 이스라엘 사람들이 모여들었다. 그들 가운데 두 사람이 앞으로 나섰다. 그 중 한 사람이 모인 사람들을 대신해 이야기를 했다.

우리는 하나님과 한 약속을 어겼습니다. 죄를 씻을 방법을 가르쳐 주십시오. 에스라, 우리에게 하나님의 율법을 가르쳐 주세요. 그러면 그대로 따르겠습니다.

이것은 말하기도 어려운 일이고, 또한 실천하기도 결코 쉬운 일이 아니오! 하지만 다른 민족을 아내로 맞이한 사람들은 즉시 이혼해야 합니다.

그래서 에스라는 일을 시작했다. 그는 예루살렘과 유다 온 땅에 전갈을 보내 포로에서 돌아온 자들은 모두 성전 광장에 모여 사흘 동안 모임을 갖자고 하였다.

하나님께서는 우리 민족을 재건할 수 있는 기회를 다시 한 번 주셨소. 하지만 우리가 하나님께 순종하지 않는다면 그 기회는 물거품이 되고 말 것이오! 이것을 받아들여야 합니다. 그렇지 않으면 멸망입니다!

거기 모인 사람들은 에스라의 말이 옳다는 것을 알고 있었다. 그들은 하나님의 율법을 따라야 했던 것이다.

신약 시대의 팔레스타인(지도)

- 가이사랴 빌립보
- 갈릴리
  - 가버나움
  - 벳세다
  - 막달라
  - 갈릴리 호수
  - 나사렛
- 지중해
- 요단 강
- 사마리아
- 유대
  - 여리고
  - 예루살렘
  - 베다니
  - 베들레헴
- 사해
- 헤브론

예루살렘

색인
1. 하스모네 궁전
2. 왕궁
3. 성전
4. 사네드린 의회
5. 감람산
6. 겟세마네 동산
7. 로마군 요새
8. 골고다
9. 베데스다 연못

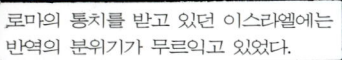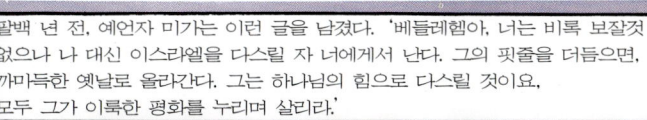

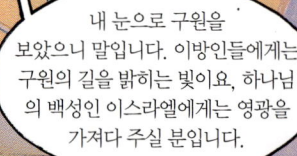

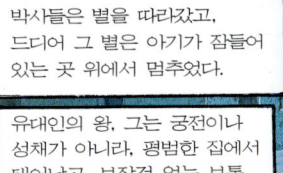

예수는 당시 열두 살 소년이었다.

"여보, 예수 못 보셨어요? 걔가 보아스네 식구들하고 같이 오고 있는 줄 알았는데, 보이질 않아요."

"보아스라고?! 나는 시므온의 가족하고 같이 오는 줄 알았는데! 뭐 잘못된 거 아냐? 아직 예루살렘에 있지 않을까?"

"미리 잘 살폈어야 하는 건데."

그들은 사흘 동안이나 예수를 찾아 헤맸다. 너무 걱정되어 성전을 다시 찾아보기로 했다. 성전에 가 보니 예수는 이스라엘에서 가장 지혜로운 사람들과 이야기를 나누고 있었다.

"그래, 너는 그게 무슨 뜻이라고 생각하니?"

"……!?"

"예수야, 여기서 뭘 하고 있니? 여긴 성전이야! 네 걱정을 얼마나 한지 아니?"

"음, 그러니까 그게……"

"다른 사람들이 절 놔 두고 그냥 가 버렸어요. 여기가 안전하다고 생각했죠. 언젠가는 아버지가 데리러 올 줄 알았거든요."

"그건 그렇고, 제가 아버지의 집에 있으리라고 생각지 않으셨어요?"

당시 예수의 나이로 봐서는 말도 안 되는 소리 같았지만 마리아는 이 모든 이야기들을 마음 속 깊은 곳에 담아 두었다.

이렇듯 예수는 몸도 자라고 마음도 성숙해지면서 하나님과 사람들에게 모두 사랑을 받으며 자랐다.

나사렛으로 돌아오는 길에 마침 안식일이 되어 예수는 늘 하던 대로 회당에 들어가 성경을 낭독하고 가르침을 베풀었다.

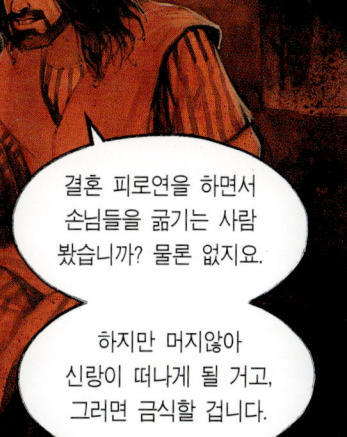

어느 날, 예수가 갈릴리 호숫가를 걷고 있을 때, 많은 사람들이 몰려들었다. 사람이 얼마나 많던지 예수는 사람들이 말을 잘 알아들을 수 있도록 어부의 배를 한 척 빌려 그 위에 올라섰다.

"하나님의 나라는 이런 것이다."

"한 농부가 있어 씨를 뿌리러 밭에 나갔다. 그가 씨앗을 뿌리는 데 어떤 씨앗들은 길에 떨어져서 새들이 날아와 쪼아 먹어 버렸다."

"어떤 씨앗들은 가시덤불이 있는 곳에 떨어져 곡식을 맺을 만큼 크게 자라지도 못하고 가시덤불에 눌려 죽어 버렸다."

"씨앗은 하나님의 말씀이다. 어떤 사람들은 그것을 무시한다. 어떤 사람들은 곧 받아들이기는 하지만 뿌리를 깊이 내리지 못한다. 어떤 사람들은 한동안 잘 믿지만 살면서 근심스러운 일이 생기면 잊어버린다. 그러나 어떤 사람들은 생활 속에서 잘 자라게 하여 열매를 맺는다."

"어떤 씨앗은 돌밭에 떨어져 흙이 별로 없는 땅에서 싹이 나기는 했지만 햇빛이 뜨겁게 비추어 말라 버렸다."

"그러나 어떤 씨앗들은 아주 좋은 땅에 떨어져서 좋은 열매를 많이 맺었다."

"하늘나라는 이런 것이다. 옛날에 어떤 사람이 밭을 갈다가 무언가 단단한 물건이 부딪히는 소리를 들었는데……."

"파 보니 보물이 가득한 황금 항아리였다. 만일 그가 밭을 살 수만 있다면 그 보물은 당연히 그 사람 것이 될 참이었다."

"그 밭을 사려면 전 재산을 다 팔아야 했다. 그는 다 팔아서 그 밭을 살 만한 돈을 마련했다. 그 사람은 그 보물 항아리를 얻을 수 있다는 생각에 무척 기뻤다."

후에 예수는 한 바리새인의 집에서 식사를 하면서 하늘나라에 관하여 또 한 가지 이야기를 들려 주었다.

"한 번은 어떤 사람이 멋진 잔치를 열고 친구들을 모두 초대하였다."

"그러나 그들은 성격이 못되어 친구에게 고맙다는 말을 하기는커녕 갖가지 구실을 대어 잔치에 참석하지 않았다."

"그러자 그 사람은 종들을 내보내 집이 없는 사람들, 거지들, 문둥병자들, 절름발이들을 집으로 불러 잔치를 베풀어 주었다."

"그 사람은 이렇게 말했다. 내가 처음에 초대했던 손님들은 아무도 내 잔치의 음식을 맛보지도 못하게 될 것이다."

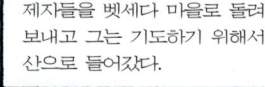

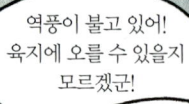

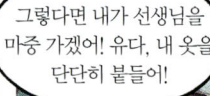

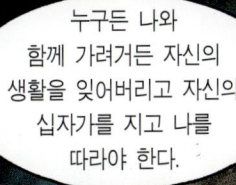

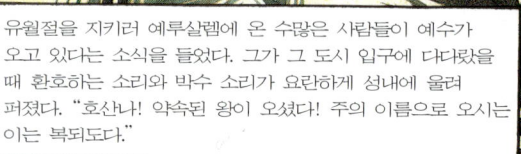

사람의 아들이 영광을 받을 때가 다가왔다.

밀 한 알이 땅에 떨어져 죽지 않는다면, 그냥 하나의 씨앗으로 남아 있을 것이다. 그러나 그것이 죽는다면 많은 열매를 맺을 것이다.

너희들은 걱정하지 말아라. 내가 너희들보다 먼저 가서 너희가 있을 곳을 준비하려 한다. 내 아버지의 집에는 묵을 방들이 많다.

나는 길이요, 진리요, 생명이다. 누구든지 나를 통하지 않고는 아버지께 갈 수 없다. 만일 너희가 나를 사랑한다면 내가 너희에게 하라고 당부한 일을 행하여라. 그러면 나도 아버지께 청하여 너희와 끝까지 같이 있을 안내자를 보내 달라고 부탁드리겠다. 그 안내자는 진리의 영이다.

나는 곧 떠나갈 것이다. 세상은 내가 아버지를 사랑했다는 것과 아버지께서 내게 당부하신 것을 내가 정확하게 행했다는 것을 알게 될 것이다.

예수가 이야기를 하고 있는 동안 제자 한 사람이 슬며시 자리를 떠났는데……

가룟 유다는 곧장 있는 힘을 다해 대제사장에게 달려갔다.

자네 이제야 정신을 차렸구먼. 그래, 어디서 그를 잡아야 할지 말해 줄 각오는 되어 있겠지?

그렇습니다. 하지만 정보를 거저 줄 수는 없지요.

물론.

은 삼십 냥이면 충분할 거야. 자, 돈을 받게. 자네 돈일세.

그러나 돈을 받아 든 유다는 전혀 즐겁지가 않았다. 전혀……

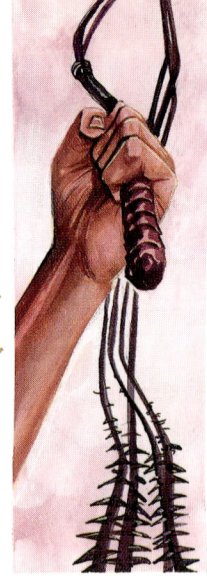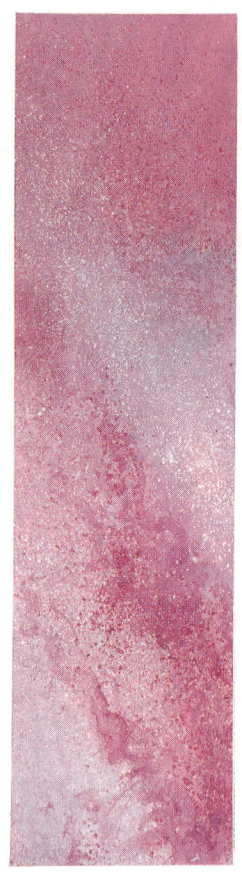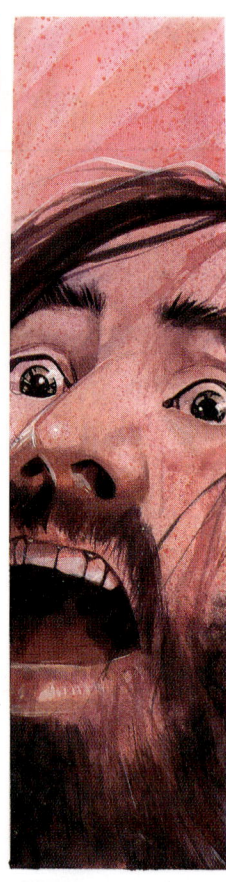

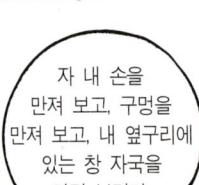

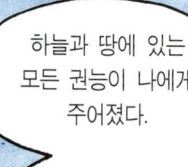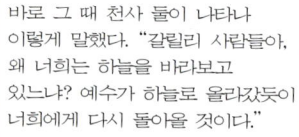

제자들은 예수가 살아 있을 때처럼 계속 함께 모이고 식사도 같이하였다.

그러던 어느 날 갑자기 크고 격렬한 바람 소리가 들렸다. 이 때 제자들은 불꽃 같은 것이 자신들에게 와 닿는 것을 보았다.

그들은 각기 다른 나라 말로 하나님을 찬양하기 시작했다.

곧 그들은 성령에 사로잡히게 되었다.

이내 많은 사람들이 몰려들었고, 먼 나라에서 온 사람들은 자신들의 모국어를 듣고 놀라워했다.

저 사람들이 라틴어를 할 줄은 몰랐는걸.

저 사람들 도대체 어디서 우리말을 배운 거야?

이 지역 포도주가 좋긴 좋은가 봐! 저 사람들 적어도 각기 열두 병씩은 마신 것 같은데? 저걸 좀 봐!

이 사람들은 술 취하지 않았어요. 이제 아침 아홉신 걸요. 예언자의 말씀이 이루어진 것뿐이라고요!

나사렛 예수는 우리에게 기적을 보여 주시려고 하나님께서 선택하신 분입니다! 그는 십자가에서 처형당했지만 다시 살아나셨어요! 죽음이 그를 붙들어 놓을 수는 없습니다!

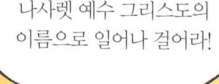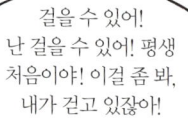

예루살렘을 집집마다 뒤지고 다니며 사울은 신도들을 끌어 내 감옥에 가두었다. 이내 감옥은 잡혀 온 자들로 가득 찼지만 사울은 분이 풀리지 않았다.

그는 최고 의회에서 내 준 허가장을 가지고 가까이에 있는 다메섹을 향해 출발했다. 거기에 살고 있는 예수를 따르는 자들을 잡아들일 작정이었다.

그 여행에서 그는 생애에 가장 중요한 경험을 하게 되었다.

빨리 가자. 우리가 늦게 가면 하나님을 모욕하는 자들이 더 많아질 테니까!

사울아! 사울아, 왜 나를 핍박하느냐?

당신은 누구십니까?

나는 예수다! 사울아, 넌 나를 따르는 자들을 못 살게 굴어 나를 괴롭히고 있구나!

일어나서 그 도시로 가거라! 거기서 네가 할 일을 가르쳐 주마!

그 음성이 어디서 들렸지?

난, 도무지……. 뭐가 뭔지……. 누가 좀 날 데려가 줘. 앞이 안 보여!

사울은 식음을 전폐한 채 사흘 동안 눈이 먼 채로 혼자 앉아 있었다. 그가 지금까지 진리라고 믿었던 것, 그가 살아온 온 생애가 산산이 부서지는 것만 같았다. 예수는 살아 있었고, 하나님의 음성으로 말씀하시지 않았던가!

제자들을 공격한 것이 하나님을 공격한 것일까?

다메섹에는 아나니아라는 제자가 살고 있었는데, 하나님께서 그에게 가서 사울을 찾아보라고 말씀하셨다.

아나니아는 어리석은 사람이 아니었다. 그는 사울이 어떤 사람인지, 또 그가 다메섹에 온 이유도 잘 알고 있었다. 그러나 그는 하나님의 말씀을 따라 사울에게 갔다.

하나님은 예수의 메시지를 다른 나라에 전하기 위해 사울을 선택하셨고, 그래서 아나니아는 그에게 그 소식을 전하는 일을 맡게 되었던 것이다.

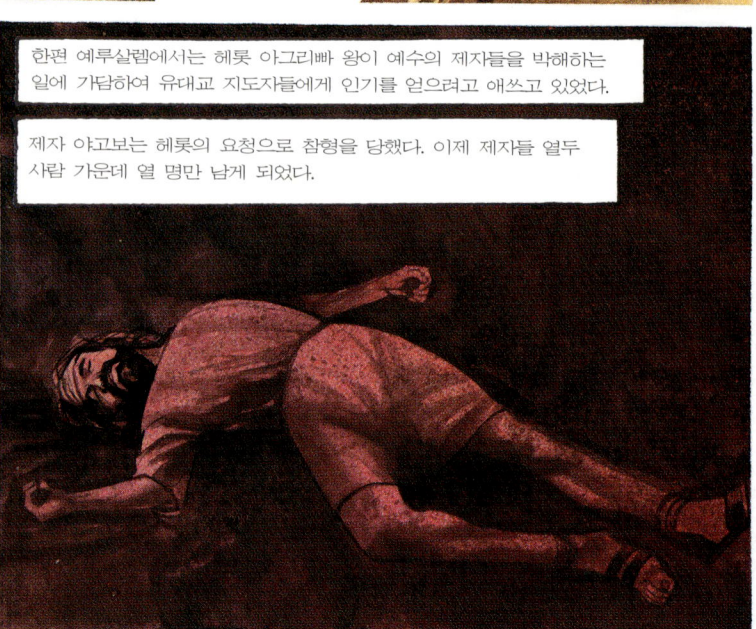

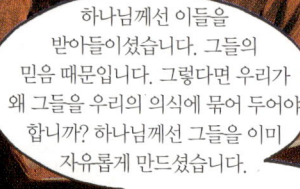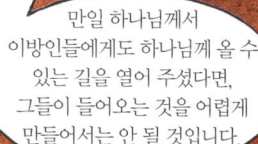

그러나 그의 전도는 이제야 시작인 셈이었다.
바울은 고린도를 거쳐 에베소로 갔다.

거기서 그는 몇 달 동안 가르치면서 새로운
그리스도인들의 믿음을 키워 나갔다.

사람들에게 새로운 신앙이 자리를 잡아
갔다. 우상을 숭배하던 관습을 버리고
신상들을 부숴 버렸다. 바울은 가는 곳마다
우상 숭배를 하지 말라고 가르쳤다.

그 곳의 부자 사업가였던
드로비오는 이 모든
일들로 마음에 원한을
품고 있었다.

몇 주 되지 않아 에베소에서는 큰 소동이 벌어졌다.

드로비오는 자신의 영향력을 이용하여 이 새로운 유대 종파에
대해 나쁜 감정을 갖도록 사람들을 부추겼다. 그 종파는 그들의
종교, 그들이 믿는 신들, 그리고 그들의 문화를 무너뜨리려 한다고
생각했던 것이다.

그는 우상들을 만들어
돈을 벌던 은장이였기
때문에 그리스도인들이
자신의 생계를 위협했던
것이다.

사실은 자기 사업이 방해를 받았기 때문이었다.

내가 가서
저 사람들과 이야기를
해 보겠소. 모르긴
몰라도…….

바울, 폭행을
당하면 어쩌시려구요?
소동이 가라앉을 때까지
기다리시지요.

이 곳을 떠날 때가
된 거야. 내가 없어지면
사태는 진정되겠지.

바울은 마케도니아와 그리스를 두루 돌아다녔다.
그러나 그의 최종 목표는 예루살렘이었다.

그는 예언의 말씀을 받았다. 그가 예루살렘에서 유대인들에게
붙잡혀 이방인들의 손에 넘겨질 것이라는 내용이었다.

필요하다면 그는 기꺼이 신앙을 위해서 죽을 각오가 되어
있었지만, 무거운 마음으로 돛을 올렸다.

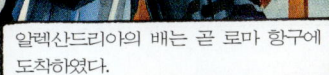

바울은 그리스 교육을 받은 사람이었고, 유대인이었으며, 게다가 로마 시민권을 가진 사람이었다. 따라서 로마 세계 전역에 하나님의 메시지를 전하는 일에 그만한 자격을 갖춘 사람이 없었다.

입에서 입으로, 마음에서 마음으로, 예수의 이름은 로마 제국의 잘 닦여진 길을 따라 전파되어 나갔다.

그러나 로마인들은 문화적으로 발달한 만큼 잔인하였다. 그들은 기술이나 철학을 발전시킬 수 있는 창조적인 정신을 가지고 있었지만 고문을 하는 데에도 뛰어났다.

네로 황제는 로마의 대화재 사건에 대한 희생양으로 거리낌없이 그리스도인들에게 누명을 씌웠다.

사실상 그 메시지가 그렇게 빨리 전파될 수 있었던 것은 로마 제국의 잘 짜여진 조직 덕분이었다.

그래서 많은 그리스도인들이 로마 원형 경기장에서 죽어 갔고, 어떤 사람들은 산 채로 맹수들의 먹이가 되었으며, 어떤 이들은 검투사들에게 살해되기도 했다.

로마인들은 사자의 밥이 되어 비참하고 고통스럽게 죽어 가는 사람들을 보고 즐거워하면서도 그런 죽음이 그렇게 고통스러운 것이라고 생각하지 않았다.

그 암울한 시절 사도들의 최후에 관하여 공식적인 기록이 남아 있지는 않다. 몇몇 전설에 따르면 도마는 멀리 인도까지 들어갔다고 하며, 바울은 스페인까지 갔다가 결국 로마인들에게 참수형을 당했다고 한다.

베드로 역시 체포되었다. 로마의 십자가형에 처해지게 되었을 때, 그는 마지막 청으로 자신을 십자가에 거꾸로 매달아 달라고 요구했다고 한다. 자신은 감히 사랑하는 스승 예수와 같은 모습으로 죽을 수가 없다고 생각했던 것이다.

주후 70년에 메시야가 이미 왔다가 가셨다는 것을 믿지 않았던 일부 유대인들은 메시야를 기다리다가 지쳐서 직접 무장을 하고 로마 정복자들에게 반기를 들고 일어섰다.

훈련도 제대로 받지 못한 혁명당원들은 인류 역사상 가장 잘 훈련되고 규율이 엄격한 로마군의 적수가 되지는 못했다. 전투는 곧 대학살로 변하고 말았다.

계속 이어지는 혼란 속에서 예루살렘 성전은 예언된 대로 파괴되었다. 그 성전은 오늘날까지 폐허로 남아 있다.

예수가 지상에서 살아 있을 때 그를 직접 만났던 한 인물 중에 그 때까지 살아 있는 자가 있었다. 그는 밧모라는 섬에 있는 강제 노동 수용소에서 죄수로 일하고 있었다.

그의 이름은 요한이었다. 예수의 제자들 이야기 가운데 마지막 이야기는 바로 이 사람에게서 시작된다. 천지가 창조되었을 때 그 세계를 이담이 보았듯이, 하나님께서는 그 세상의 마지막을 요한에게 보여 주셨다.

그리고 나서 다섯 번째 봉인이 열리자 많은 사람들의 음성이 들렸다. 하나님의 진리를 전했다는 이유로 죽음을 당한 모든 사람들의 음성이었다.

그들은 한 목소리로 하나님께 외쳤다. "얼마나 기다려야 우리의 원수를 갚아 주시겠습니까?"

여섯 번째 봉인이 열리자 해가 검게 되었다.

그리고 달은 피처럼 붉게 되었고 별들이 하늘로부터 떨어졌다.

거대한 지진이 일어나 모든 산들과 섬들을 뒤흔들어 놓았다.

가장 높은 사람부터 가장 낮은 사람에 이르기까지 모든 사람들은 하나님의 진노가 두려워서 숨을 곳을 찾아 뛰기 시작했다.

나는 세상의 네 모퉁이에 서 있는 네 천사들을 보았다. 그들은 네 바람들을 붙들고 있었다.

그리고 헤아릴 수도 없는 수많은 사람들이 있었다.

모든 나라, 모든 민족, 모든 도시들로부터 온 그들은 하나님의 어린 양 앞에 서서 이렇게 외쳤다. "구원을 주시는 분은 옥좌에 앉아 계신 우리 하나님과 어린 양이십니다." 그리고 나서 일곱 번째 봉인이 열렸다.

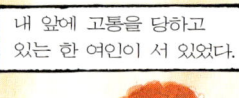

내 앞에 고통을 당하고 있는 한 여인이 서 있었다.

그 여인은 곧 아이를 낳으려고 진통을 하며 괴로워하고 있었다.

내 눈앞에 펼쳐진 광경!

용이 보였다. 머리가 일곱에 뿔이 달린 뱀, 곧 사탄이 그 정체를 드러내고 있었다. 사탄은 갓 태어난 어린아이를 잡아먹으려고 하였지만 그 아이는 구제를 받아 하나님께로 옮겨졌다.

그리고 하늘에서 전쟁이 벌어졌다.

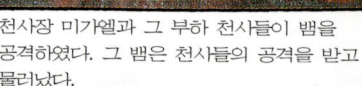

천사장 미가엘과 그 부하 천사들이 뱀을 공격하였다. 그 뱀은 천사들의 공격을 받고 물러났다.

그렇게 되기를 빕니다. 주님, 어서 오십시오.

주님, 어서 오십시오.

주 예수의 은총이 그의 백성들과 함께 하시기를 빕니다.

영원히.

아멘.